익숙한 것을 낯설게 바라보기

지그문트 바우만의 마지막 인터뷰

Original German Title Zigmunt Bauman: Das Vertraute unvertraut machen by Peter
Haffner. Hoffman & Campe. Copyright © 2017 by Peter Haffner
Korean translation rights arranged with LIEPMAN AG Literary Agency, Zurich
through Danny Hong Agency, Seoul.
Korean Traslation Rights © 2022 by Marco Polo Press, Sejong.

익숙한 것을 낯설게 바라보기

지그문트 바우만의 마지막 인터뷰

글 | 페터 하프너
번역 | 김상준

마르코폴로

목차

서문   VORWORT   7

1. 사랑과 성   LIEBE UND GESCHLECHT   11

2. 경험과 기억   ERFAHRUNG UND ERINNERUNG   23

3. 유대교와 양가감정   JUDENTUM UND AMBIVALENZ   45

4. 지성과 참여   INTELLEKT UND ENGAGEMENT   63

5. 권력과 정체성   MACHT UND IDENTITÄT   79

6. 사회와 책임   GESELLSCHAFT UND VERANTWORTUNG   99

7. 종교와 근본주의   RELIGION UND FUNDAMENTALISMUS   123

8. 유토피아와 역사   UTOPIE UND GESCHICHTE   139

9. 현재와 미래   GEGENWART UND ZUKUNFT   149

10. 행복과 도덕   GLÜCK UND MORAL   169

출전   EDITORISCHE NOTIZ   182

서문

VORWORT

지그문트 바우만을 처음으로 찾아갔을 때, 내가 생각했던 것과는 많이 달라서 깜짝 놀랐다. 누구보다도 영향력 있는—지배관계에 대한 분노를 책에 담아내는—유럽의 철학자가 넉살맞은 유머로 나를 무장해제 시켰으며 삶에 대한 기쁨으로 나를 추동했기 때문이다.

그는 리즈 대학교에서 정년을 맞은 1990년 이래로 무서운 속도로 잇따라 책을 출간해왔다. 그의 주제는 친밀성에서 세계화로, 리얼리티 프로그램에서 홀로코스트로, 소비주의에서 사이버 공간으로 뻗어나간다. 전세계의 독자들은 그를 '세계화 반대론자의 우두머리', '점령 운동의 선두' 또는 '포스트 모더니즘의 예언자'라고 불렀다. 그는 인문학계의 이단아였는데 르네상스적 인간의 주체할 수 없는 관심으로, 날카롭게 구획되어 열렬하게 옹호되는 인문학의 경계들을 자유롭게 넘나들었다. 그의 고찰에서 정치적인 것과 개인적인 것은 분리되지 않는다. 우리는 왜 사랑하는 법을 잊어버리는가? 우리는 왜 도덕적인 판단을 할 때 어려움을 겪는가? 지그문트 바우만은 이러한 현상 각각의 사회적인 면과 개인적인 면을 일관되고 철저하게 탐구한다. 그리고 탐구의 끝에서 그는 경고한다. 대량학살은 야만의 세월 속으로 영영 사라져버린 것이 아니라는 것이다.

그의 책을 펼치자마자 이처럼 방대한 세계관이 나를 사로잡았다. 몇몇 부분에 동의할 수 없거나 아예 텍스트 자체가 마음에 들지 않는 경우도 있을 것이다. 그렇지만 지그문트 바우만의 독자는 어떤 경우라도 냉담한 태도로 일관할 수는 없다. 지그문트 바우만이 짜놓은 사유의 텍스트와 씨름하는 자는 세계를 그리고 스스로를 이전과는 다른 시각으로 바라보게 된다. 익숙한 것을 낯설게 하고, 낯선 것을 익숙하게 하는 것, 이것이야말로 사회학의 과제 그 자체이며 나아가 자신의 책무라고 지그문트 바우만은 말했다.

인간을 전체로서 바라보는, 그리하여 자신의 학문분과를 벗어나 철학과 심리학, 인류학과 역사학, 예술과 문학으로 나아가는 사람들만이 이러한 책무를 떠안을 수 있다. 자잘한 세부사항, 통계분석과 설문조사, 사실과 예측 그리고 수치, 이런 것은 지그문트 바우만의 관심사가 아니었다. 그는 주장을 제시하고 주제를 논의의 장으로 이끌어오며 도발적인 논쟁을 일으킨다. 그는 넓은 붓으로 거대한 캔버스를 채워넣는다. "여우는 사소한 것을 여럿 알지만, 고슴도치는 중요한 것 하나를 안다." 아르킬로코스Archilochos의 이 격언에 따라 이사야 벌린Isaiah Berlin은 사상가와 문필가라는 유명한 범주를 만들어낸다. 이 범주에 따르면 지그문트 바우만은 고슴도치이자 여우이다. 사랑, 우정, 노동, 여가, 공동체, 사회, 종교, 정치 그리고 권력. 우리 시대는 삶을 둘러싼 상황을 낯선 속도로 바꾸어 놓고 있다. 지그문트 바우만은 '액체 근대'라는 개념을 통해 이 시대를 포착해냈다. 그는 "정보를 재활용하는 것이 곧 나의 삶입니다."라고 말한 적 있다. 그러나 그가 얼마나 많은 소재를 다루는지를 떠올려본다면, 그의 말은 겸손에 가깝다는 것을 알 수 있다.

포퓰리즘이 제시하는 해결책에 수많은 사람들이 매혹되어 있는 불안과 불확실의 시대에, 우리의 사회 그리고 세계에 속하는 문제와 모순을 비판적으로 분석하는 일은 그 어느 때보다 더 시급하다. 대안을 찾아낼 수 없다고 하더라도 대안을 숙고하기 위해서는 이와 같은 비판적 분석이 선행되어야 한다. 지그문트 바우만은 한때 공산주의자였고, 그의 희망은 실현되지 못했다. 그럼에도 그는 더 나은 사회가 가능하리라는 믿음을 버리지 않았다. 이제는 먼 나라의 가난한 유색인뿐만 아니라 서양의 노동자 또한 소외된 사람에 속한다. 그의 시선은 승자가 아닌 패자를, 뿌리 뽑힌 사람과 권리를 박탈당한 사람을, 그리고 소외된 사람을 향해 있다. 전후의 호시절과는 달리, 생존의 기반을 잃어버릴 것이라는 두려움이 오늘날 전세계에 퍼져 있다. 중산층 또한 이러한 대중적인 현상에서 자유롭지 않다. 주어진 것을 그대로 받아들일 것을 요구하는, 그리고 라이프니츠적인 의미에서 그 모든 가능성에도 불구하고 이 세계를 최고의 것으로 여길 것을 요구하는 분위기 속에서 지그문트 바우만은 유토피아의 이상을 견지한다. 환상에 싸여 있는 먼 미래의 청사진이 아니라 지금 그리고 이곳의 삶을 바꾸기 위한 이상을 말이다.

지그문트 바우만은 필생의 작업에 대하여 나와 4주간 대화를 나누었다. 그동안 나는 잉글랜드 리즈에 있는 그의 집에서 묵었다. 집 앞 테이블에는 덤불이 무성했다. 마당은 마법에 걸린 듯했다. 도로에 접해있는 의자들은 차량의 흐름에서 집을 떼어놓았다. 집과 도로 각각은 이러한 대비 속에서 온전한 모습을 드러내는 것 같았다. 마른 체형과 큰 키의 지그문트 바우만은 90세의 나이에도 불구하고 원기와 총기가 여전했다. 그는 오케스트라를 지휘하듯 커다란 손짓으로 이야기를 채워넣었고, 강조를 위해 안락의자의 팔걸이를 내려치기도 했다. 이따금 목전의 죽음에 대하여 이야기할 때면, 그는 의연한 태도로 답했다. 제2차 세계대전의 참전자로서, 유대계 폴란드인이자 소련 시절의 러시아 난민으로서, 그리고 1968년 폴란드의 반유대적 "인종청소Säuberung"의 희생자로서, 그는 그가 이론화했던 "액체 근대 flüssige Moderne"의 어두운 면을 몸소 경험했다. 그의 의연함은 이런 경험에서 나온 것이다.

소파 테이블은 항상 크루아상과 비스킷, 카나페와 과일 토르테, 쿠키와 게살 크림으로 가득했고, 곁에는 따뜻하고 시원한 음료와 폴란드식 '콤포트' 같은 주스가 있었다. 지그문트 바우만은 자신의 사고 과정으로 나를 초대했다. 물론 값비싸게 준비해둔 음식들을 남기지 말라는 주의 또한 잊지 않았다.

지그문트 바우만은 인생에 대해서, 운명을 거스르고자 했던 시도에 대해서, 그리고 이와 동시에 자기 자신을 바라볼 수 있는 인간으로 남기 위한 노력에 대해서 이야기했다. 그는 작별인사를 하며 나의 두 손을 꼭 잡은 채 말했다. 시간이 흘러 나 또한 그와 같이 나이 들게 되더라도, 어느 때이든, 어떤 어려움을 맞게 되거나 그 순간만의 아름다움을 간직하기를 바란다고 말이다.

지그문트 바우만은 올해 1월 9일 리즈에 있는 자택에서 별세했다.

그는 마지막 대화를 통해 독자에게 스스로의 바람을 전하고자 하는 듯하다. 어디에 있거나 그리고 누구와 함께 있거나 계속 나아가라고 말이다.

페터 하프너Peter Haffner
2017년 1월

1.

사랑과 성

LIEBE UND GESCHLECHT

파트너 선택: 우리가 사랑하는 법을 잊어버리는 이유

사랑, 그러니까 제일 중요한 것에서 시작하죠. 선생님께서는 우리가 사랑하는 법을 잊어가고 있다고 말씀하십니다. 어떻게 그런 생각에 이르셨나요?

파트너를 인터넷에서 찾는 것이 유행입니다. 온라인 쇼핑에 뒤이어 나타나는 트렌드죠. 저도 상점에 가는 것을 썩 좋아하지 않아요. 대부분의 물건을 온라인 쇼핑몰에서 구입하죠. 책, 영화, 옷 같은 것을 말이죠. 재킷 하나를 새로 사고 싶으세요? 온라인 쇼핑몰이 카탈로그를 보여줄 겁니다. 파트너 한 명을 새로 찾으신다고요? 데이팅 웹사이트도 카탈로그를 보여줄 겁니다. 인간과 인간 사이의 관계가 소비자와 상품 사이의 관계처럼 변해가는 것이죠.

이전과 무엇이 다른가요? 마을 축제나 시내 무도회에서 미래의 배우자를 만나던 때에도 개인적인 선호라는 것이 있었을 텐데요?

물론 수줍음을 많이 타는 사람들에게는 인터넷이 도움이 되겠죠. 얼굴 붉히는 게 두려운데도 굳이 얼굴을 마주하고 말을 걸어볼 필요가 없는 겁니다. 그들에게는 인터넷을 통한 연결이 그나마 더 수월합니다. 하지만 온라인 데이트에서도 노력이 필요하죠. 자신이 갈망하는 파트너의 특성을 정해야 합니다. 머리카락과 피부의 색깔, 신장과 체격, 가슴둘레, 나이, 관심사와 취미, 그리고 상대방의 호불호에 따라 파트너를 고르는 거죠. 그 이면에는 사랑의 대상을 신체적, 사회적 특성으로부터, 그러니까 측정할 수 있는 몇몇 특성에 기초해 조립해낼 수 있다는 사고가 자리잡고 있습니다. 동시에 중요한 것이, 인격으로서(의) 사람이 시야 밖으로 밀려나고요.

말씀하신 대로 인간을 유형화한다고 해도 막상 유형화된 사람을 마주하게 되면 얼마 지나지 않아 모든 것이 바뀌어 버립니다. 눈앞의 사람은 당연히 외적인 것의 총합을 넘어섭니다.

인간관계가 일상용품과의 관계처럼 변한다는 것이 위험입니다. 의자에 충성을 맹세하지는 않습니다. 평생토록 이 의자만 쓰겠다? 이 의자 위에서 죽겠다? 제가 왜 이런 맹세를 하겠습니까? 저는 의자가 더 이상 마음에 안 들면 새 의자를 삽니다. 이건 의식적인 과정이 아닙니다. 하지만 우리는 이런 식으로 세상과 인간에 대한 시각을 배웁니다. 더 매력적인 사람을 마주할 때 어떤 일이 일어날까요? 바비 인형과 비슷하죠. 새 버전이 출시되면 오래된 것을 새것으로 바꾸는 겁니다.

경솔하게 헤어진다는 말씀이시네요.

만족을 바라기 때문에 관계에 들어서는 겁니다. 다른 사람이 더 많은 만족을 줄 것이라는 느낌이 들면 지금의 관계를 끊어버리고 새로운 관계를 시작합니다. 관계를 시작하기 위해서는 두 사람의 합의가 필요합니다. 하지만 끝내는 데에는 한 사람으로 충분하죠. 파트너 양쪽 모두가 상대에 의해 버림받을지도 모른다는 끊임없는 불안 속에서 살아간다는 의미입니다. 유행이 지난 재킷처럼 버려진다는 거죠.

하지만 그건 모든 합의의 속성입니다.

물론이죠. 하지만 이전에는 관계를 끝내는 것이 거의 불가능했습니다. 불만스럽더라도 말이죠. 이혼은 어려웠고, 혼인에 대한 대안 같은 건 없었습니다. 괴로워도 같이 살았죠.

그런데 왜 헤어질 자유가 불행 속에서 함께해야 하는 구속보다 더 나쁜 겁니까?

얻는 게 있으면 잃는 것도 있습니다. 내가 더 자유로워지면 상대방도 더 자유로워집니다. 그리고 이 사실에 고통받게 되죠. 인간관계와 파트너 관계는 할부 계약의 모습을 띠게 됩니다. 삶이 이렇게 변해가는 겁니다. 유대Bindungen에서 벗어날 수 있는 사람은 관계를 유지하기 위해 노력할 필요가 없습니다. 인간은 만족을 주는 동안에만 가치가 있습니다. 그 근저에는 장기적인 관계가 행복의 추구를 막을지도 모른다는 믿음이 깔려 있죠.

그리고 선생님께서는 우정과 인간관계를 주제로 삼는 『리퀴드 러브Liquid Love』라는 책에서 이것이 착각이라고 말씀하십니다.

이는 '유동하는 사랑flüchtigen Liebe'의 문제입니다. 폭풍이 몰아칠 때에는 친구와 파트너가 필요합니다. 나를 무심하게 방치하지 않는, 필요할 때 나의 곁에 있어주는 그런 사람을 말이죠. 안정의 추구는 삶에서 중요합니다. 페이스북은 이런 욕구를, 그러니까 외로움을 피하고자 하는 욕구를 이용해서 160억 달러에 이르는 자본을 형성했습니다. 반면 누군가의 삶에 개입하고 스스로를 구속하는 의무는 지려고 하지 않습니다. 무언가 놓쳐버릴 것이라는 두려움을 품고 있는 겁니다. 안전한 항구를 원하면서도 구속은 싫어합니다.

선생님께서는 첫 번째 부인 야니나 레빈슨Janina Lewinson 과 61년간 부부로 살아오셨습니다. 2009년에 부인께서 세상을 뜨시기 전까지 말이죠. 부인의 회고록 『기댈 곳 없이A Dream of Belonging』를 보면 선생님께서는 첫 만남 이후로 부인 곁을 떠나신 적이 없었다고 합니다. 부인께서 가려고 하셨던 곳에 선생님 또한 따라가시게 되었고, 그때마다 "이토록 행복한 우연이!"라고 외치셨다고요. 부인께서 임신 소식을 전하셨을 때 선생님께서는 폴란드 대위복을 입은 채 거리에서 춤을 추고 부인께 키스를 하셨다고 합니다.

주위에 있던 사람들이 다 쳐다봤다고 했고요. 선생님께서는 결혼 이후 수십 년이 지난 때에도 부인께 러브레터를 쓰셨다고 합니다. 진정한 사랑은 무엇으로 이루어지나요?

아니나를 보자마자 다른 사람을 더 찾아볼 필요가 없겠다 싶었습니다. 첫눈에 반했던 거죠. 9일 만에 청혼했습니다. 진정한 사랑이란 서로를 향해 있어주는 것의 즐거움이자 하나가 되는 즐거움입니다. 말하자면 '너와 나'에 대한, 알기 어렵지만 강렬한 즐거움이죠. 서로에게 중요한 것이 각자의 손에 달려 있습니다. 스스로의 가치와 대체 불가능성을 깨달을 때 우리는 행복을 느낍니다. 이런 상태에 이르기는 어렵고, 이기주의자는 이런 상태에 이르지 못합니다. 자기 자신에게만 관심을 두며 고독에 침잠해 있기 때문입니다.

그러니까 사랑에는 희생이 필요한 거죠.

상대를 모든 면에서 도와주고, 지지하고, 응원하는 데에 사랑의 본질이 있다면, 사랑하는 이는 사랑받는 이를 위해 자신에 대한 염려를 뒤로 미뤄두어야 합니다. 자신의 행복을 상대의 행복에 뒤따르는 부차적인 것으로 볼 수 있어야 합니다. 그리스 시인 루키아노스 Lukianos는 사랑은 상대에게 '자신의 운명을 담보로 내놓는 것'이라고 합니다. 우리는 항상 이타주의와 이기주의는 대립하며 양립할 수 없다고 여깁니다. 그러나 사랑하는 사람들 사이에서는 그렇지 않아요. 둘은 결합되고 융합되어 결국에는 더 이상 구분할 수도 나눌 수도 없게 됩니다.

미국 작가 콜레트 다울링Colette Dowling은 자립에 대한 여성들의 두려움을 '신데렐라 콤플렉스Cinderella-Komplex'라고 불렀습니다. 그녀는 안정감과 다정함 그리고 보살핌에 대한 갈망은 '감정의 위험한 동요'라고 주장했습니다.

그리고 동시대 여성들에게 스스로를 가두지 말라고 힘주어 말했죠. 선생님께서는 이런 충고에서 어떤 부분이 마음에 들지 않으신가요?

우리는 내키는 대로 새로운 흐름에 올라탈 수 있습니다. 하지만 다른 사람에게 헌신하려는, 그리하여 이러한 자유를 포기하려는 마음이 생길 수도 있죠. 다울링은 이러한 감정을 충동으로 여겨요. 그리고 이러한 충동에 사로잡히지 말라고 당부합니다. 소비주의 시대 카우보이와 카우걸의 사적인 유토피아는 어마어마한 자유를 요구합니다. 이는 전형적인 현상이죠. 그들은 자신을 세계의 중심으로 여기고, 무대 위에 홀로 서기를 원하고, 만족할 줄도 모릅니다.

제가 자란 스위스는 민주주의 국가가 아니었습니다. 1971년까지 여성에게, 그러니까 인구의 절반에게 선거권이 없었고, 오늘날까지도 동일한 노동에 대하여 동일한 임금이 지급되지 않습니다. 임원은 여성의 목소리를 대변하지 않습니다. 그럼에도 여성이 스스로를 해방할 이유가 없다고 보십니까?

이런 영역에서는 동등한 권리의 보장이 중요합니다. 그런데 페미니즘의 조류는 두 갈래로 나뉩니다. 하나의 조류는 여성을 남성과 구별할 수 없게 하죠. 여성도 군 복무를 해야 하고 전장으로 나갈 수가 있어야 한다는 겁니다. 그녀들은 묻습니다. 남자는 사람을 쏴 죽여도 되는데 우리라고 안 될 이유가 있나? 다른 하나는 세계를 더 여성적으로 바꾸죠. 군대와 정치를 비롯해 만들어진 모든 것은 남성에 의해, 그리고 남성을 위해 존재합니다. 이로 인해 오늘날 많은 것이 잘못되고 있죠. 동등한 권리요? 당연하죠. 그런데 그렇다고 해서 여성도 남성이 만들어 놓은 가치를 따라야 하는 건가요?

민주주의 체제에서 이런 결정을 여성 스스로에게 맡겨서는 안 된다는 말씀이십니까?

여하간 저는 과거와 현재의 남성의 역할을 여성이 맡게 된다면 세상이 크게 나아지지 않을 거라고 봅니다.

선생님께서는 신혼 시절에 집안일을 맡으셨습니다. 남자가 "주부"로 산다는 것을 상상하기 어려웠을 때에 말이죠. 부인께서 사무실에서 일하시는 동안 요리하고 아이 두 명을 지켜보는 일은 선생님 몫이었습니다. 당시의 폴란드에서는 상당히 낯선 모습이었을 텐데요?

폴란드가 보수적이기는 했습니다만 그리 낯선 모습은 아니었습니다. 이런 면에서 폴란드 공산주의자는 혁명적이었죠. 남성과 여성 모두를 등가의 노동력으로 보았으니까요. 무척이나 많은 여성이 공장이나 사무실로 출근했습니다. 공산주의 폴란드의 새로운 모습이었죠. 가족을 부양하기 위해서는 맞벌이를 해야 했어요.

그 결과 여성의 지위가 달라졌고 성별 간의 관계가 변했습니다.

흥미로운 현상이었죠. 당시의 여성은 스스로를 경제의 구성 요소로 이해하려고 했습니다. 예전의 폴란드에서는 남편이 온 가족을 먹여 살렸고 홀로 전적인 책임을 졌죠. 하지만 실제로는 살림에 대한 여성의 기여가 상당했습니다. 산더미 같은 집안일은 모두 여성의 몫이었어요. 그러나 여성의 노동은 계산되지도 시장의 가치로 환산되지도 않았죠. 예를 들어보죠. 폴란드에 세탁소가 생긴 이후로 빨래를 바깥에 맡길 수 있게 되었습니다. 시간을 엄청나게 절약해주었죠. 저희 어머니께서는 온 가족이 만들어 놓은 빨랫감을 빨고 말리고 다리셨는데요, 제 기억으로는 일주일 중 이틀을 이 일에 할애하셨습니다. 그럼에도 여성들은 새로운 서비스를 선뜻 이용하지 않았습니다. 기자들은 여성들이 망설이는 이유가 궁금했습니다. 그들은 여성들에게 빨래를 직접 하는 것보다는 맡기는 편이 훨씬 더 싸게 친다고 말했습니다. 여성들은 되물었죠. "어째서?" 그리고 비용을 계산해서 기자들에게 보여줬죠. 빨래를 하려면 세제, 비누가 필요하고, 물을 데우려면 연료가 필요한데, 이걸 다 합쳐도 세탁소에 빨래를 맡기는 것보다는 저렴하다는 겁니다. 그들의 노동은 내역에 없었죠. 자신의 노동에도 가치가 있다는 점을 생각하지 못했던 거죠.

서유럽도 마찬가지였죠.

여성의 집안일에도 가격표가 붙는다는 사실을 사회가 받아들이기까지 몇 년이 더 걸렸죠. 하지만 일단 이 점을 의식하게 되자 전통적인 의미의 여성 주부는 얼마 지나지 않아 폴란드에서 대부분 사라졌습니다.

부인의 비망록에 따르면 부인께서는 쌍둥이 딸을 낳으신 후 산욕열에 시달리셨고, 그때 선생님께서는 가족 모두를 돌보셨다고 합니다. 밤중에 리디아와 이레나가 보채면 일어나서 젖병을 물리고 기저귀를 갈아주셨고, 아침에는 기저귀를 욕조에서 빨고 뒤뜰에 걸어 말리셨습니다. 첫째 안나를 유치원에 데리고 갔다가 데리고 오셨고, 물건을 사려고 상점 앞에서 길게 줄을 서계셨습니다. 강사 업무를 처리하시면서, 그러니까 학생들을 돌보고 박사 논문을 작성하시는 중에, 나아가 정치적인 모임에 참여하시면서 이 모든 일을 하셨습니다. 어떻게 이걸 다 해내셨나요?

당시에는 학계에 있는 사람의 삶이 보통 그랬습니다. 적잖은 시간을 원하는 대로 쓸 수 있었죠. 세미나나 강독을 할 때에만, 가야 하는 때에만 학교에 갔습니다. 그런 경우를 제외한다면 저는 자유로웠어요. 연구실에 머무를 수도, 집으로 갈 수도, 산책을 할 수도, 춤을 출 수도 있었습니다. 흥미 있는 일을 할 수 있었죠. 하지만 저와 달리 야니나는 사무실에서 일했습니다. 아내는 폴란드 국영 영화사에서 번역자와 편집자로서 대본을 검토했죠. 그리고 영화사 사무실에는 출퇴근 시계가 있었습니다. 아내가 사무실에 있거나 아플 때 저는 집에서 아이를 보고 집안일을 했습니다. 서로 옥신각신할 일은 없었어요. 당연했으니까요.

부인께서는 선생님과 다른 배경에서 성장하셨습니다. 유복한 의사 집안의 딸이셨던 부인과는 달리 선생님 집안의 살림은 늘 빠듯했죠. 아마 부인께서는 주부가 될 준비도 못하셨을 것 같습니다. 부인의 본가에서는 요리와 청소를 비롯한 모든 집안일을 가정부가 했으니까요.

저는 주방에서 자랐습니다. 요리는 저의 일상이었죠. 야니나는 필요한 때에 지루한 요리책을 보면서 레시피에 따라 요리했어요. 그래서 아내는 요리도 좋아하지 않았죠. 저는 매일같이 어머니를 지켜봤어요. 어머니께서 오븐에서 기적을 일으키시고 무에서 유를 창조하시는 모습을 말이죠. 저희 집은 가난했습니다. 하지만 어머니께서는 가장 형편없는 재료로도 맛있는 식사를 준비하실 수 있었어요. 저는 이렇게 요리를 자연스레 익혔습니다. 타고난 재능도 아니고 누가 가르쳐준 것도 아니죠. 그저 일이 어떻게 되어 가는지 유심히 살펴보았을 뿐이죠.

부인께서는 선생님이 "유대인 어머니"같다고 말씀하셨습니다. 선생님께서는 여전히 요리하는 일을 좋아하십니다. 이제 더는 그러실 필요가 없을 것 같은데도 말입니다.

저는 요리하기를 좋아합니다. 요리는 창조이기 때문이죠. 무언가를 만들어 낸다는 점에서 부엌에서 하는 일이 컴퓨터 앞에서 문서를 작성하는 일과 다르지 않다는 걸 저는 알아챘어요. 요리는 창조적인 작업입니다. 흥미롭죠. 지루할 새가 없습니다. 덧붙여 말씀드리자면 좋은 부부는 똑같은 두 인간의 결합이 아닙니다. 좋은 부부는 한 쪽에게 없는 부분을 다른 쪽이 가지고 있어서 서로의 부족함을 서로가 채워줍니다. 아내와 저도 그랬어요. 아내는 요리를 별로 좋아하지 않았지만 저는 상당히 좋아했죠. 저희는 이렇게 서로의 빈 부분을 채웠습니다.

2.

경험과 기억
ERFAHRUNG
UND ERINNERUNG

운명: 역사에 의해 만들어진 인간이 역사를 만드는 방법

선생님께서는 1946년 폴란드 노동당에, 그러니까 폴란드 공산당에 가입하셨습니다. 옥스포드 올 소울스 칼리지에서 연구했고 2009년에 별세한 철학자 레셰크 코와코프스키Leszek Kołakowski보다 1년 일찍 입당하신 거죠. 그리고 선생님께서는 1968년에 폴란드 공산당에서 탈당하셨습니다. 코와코프스키는 그보다 2년 전에 제명당했고요. 코와코프스키는 선생님과는 달리 공공연한 안티 마르크스주의자가 되었습니다.

코와코프스키와 저는 공산당 가입에 대해 서로 의견을 맞춘 적이 없습니다. 저희는 그때까지 서로를 알지 못했어요. 마주친 적도 없었고요. 하지만 저희는 지난날을 되돌아보며 당시의 감정을 되살려 보았습니다. 폴란드에서 품었던 감정을, 망명기간에 품었던 감정을, 마지막으로 1989년 베를린 장벽 붕괴 이후에 품었던 감정을 말입니다. 전쟁 이전의 폴란드는 후진적이었고 전쟁 중의 폴란드는 황폐했습니다. 이 와중에 폴란드 공산주의자는 1944년과 1945년에 걸쳐 자국을 후진성과 황폐함으로부터 구해내기 위한 계획을 제시했습니다. 국가를 도덕적 타락과 문맹, 그리고 가난과 사회적 부정의에서 끄집어낼 수 있는 유일한 계획이었죠. 저희는 그들의 계획에서 희망을 발견했습니다. 그리고 그들의 계획만이 유일한 희망의 단초라고 믿었습니다. 저희는 회상을 하며 의견의 일치를 보았습니다. 저희 둘 모두가 이처럼 같은 믿음을 가지고 있었다는 거죠. 폴란드 공산주의자는 영락한 농민에게 토지를 주고 공장노동자의 생활조건을 개선하고 산업을 국유화하려고 했습니다. 그들은 보편 교육을 제공하고자 했습니다. 그리고 약속을 실제로 지켰죠. 교육의 영역에서는 혁명이 일었습니다. 경제적 족벌주의Günstlingswirtschaft에도 불구하고 문화의 꽃은 활짝 폈습니다. 폴란드 영화, 폴란드 공연예술, 그리고 폴란드 문학의 수준은 최고였습니다. 오늘날의 폴란드에서는 이러한 모습을 찾아볼 수 없지만요. 소책자『우리, 삶의 예술가Wir Lebenskünstler』에서 저는 ….

굉장한 책이죠. 저도 즐겨 읽습니다.

… 그 책에서 저는 제 생각을 상세히 밝힙니다. 삶의 여정은 상호작용하는 두 요인에 기반하고 있다는 거죠. 하나는 운명입니다. 통제할 수 없는 것을 줄여 말하면 운명이 되죠. 다른 하나는 현실적인 선택이죠. 그런데 선택의 가능성을 안겨주는 건 운명입니다. 할렘에서 태어난 소녀는 센트럴 파크에서 태어난 소녀와는 다른 운명을 지닙니다. 가지고 있는 선택지가 다르기 때문입니다.

하지만 둘은 나름의 선택지를 가집니다. 선택을 할 수 있는 거죠. 주어진 가능성 중 특정한 것을 고르고 그것을 실현하기 위해 노력합니다. 그런데 특정한 가능성을 택하게 되는 결정적인 원인은 무엇입니까?

성격이죠. 운명이 안겨주는 현실적인 선택지를 건너뛸 수는 없습니다. 하지만 사람들은 제각기 다른 선택을 합니다. 이건 성격에 관한 문제죠. 이런 이유로 인간은 비관주의의 씨앗과 낙관주의의 씨앗을 동시에 품고 있는 겁니다. 인간은 비관주의로 나아갈 수도 있습니다. 가능성이 펼쳐지는 자유로운 공간에는 넘어설 수 없는 경계가 있으니까요. 우리는 이런 것을 운명이라 부릅니다. 하지만 낙관주의로 나아갈 수도 있습니다. 성격은 운명과 달리 가꿀 수 있으니까요. 운명은 신이 결정합니다. 저는 저의 운명에 대해 책임질 필요가 없습니다. 하지만 제 성격에 대해서는 책임져야 합니다. 성격은 제가 형성하고 정화하고 개선할 수 있으니까요.

선생님께서는 개인적으로 어떤 여정을 거쳐 오셨나요?

여느 사람과 같이 제 삶의 여정도 운명과 성격의 조합이었습니다. 운명에 맞설 수는 없었습니다. 성격에 관해서는 이야기가 다르죠.

저의 성격이 완벽하다고 할 수는 없어요. 하지만 저는 제가 내린 모든 결정에 대해 전적인 책임을 졌습니다. 이건 되돌릴 수 없는 겁니다. 제가 했던 건 제가 했던 겁니다. 운명만으로 설명할 수는 없어요.

삶을 돌아보실 때 무얼 바꾸고 싶으십니까?

무얼 바꾸고 싶겠습니까? 됐어요, 그런 질문에는 답하지 않으렵니다.

알겠습니다.

무얼 바꾸고 싶을 것 같냐고요? 한때 저는 소설을 썼어요. 어릴 적에, 그러니까 아직은 소년이라 부를 수 있었던 때에요. 로마 황제 하드리아누스Hadrian의 전기였죠. 조사를 하던 중에 문장을 하나 발견했어요. 무얼 바꾸고 싶냐는 질문이 얼마나 무의미한지 말하는, 잊을 수 없는 문장이에요. 옮겨보자면 이렇습니다. "트로이 목마가 새끼를 쳤다면 말을 훨씬 더 싸게 길렀을 텐데."

"만약"이라는 짧은 단어가 지닌 힘과 무기력이죠.

트로이 목마는 나무로 만들어져 있기 때문에 새끼를 칠 수 없다는 것이 요점입니다. 무엇을 바꾸고 싶냐고 물어보셨죠? 이것이 저의 대답입니다. 기자님께서 다르게 행동하셨다고 칩시다. 이후의 역사가 어떻게 흘러갔을 것 같으십니까? 저는 제가 내린 결정에 별다른 의미를 두지 않습니다. 제 결정은 시대의 논리 안에서 이루어졌던 겁니다. 제 삶에는 무척이나 중요한 변화가 여럿 있었습니다. 하지만 저는 그 어떤 변화에도 관여하지 않았고, 그 어떤 변화도 주도

하지 않았습니다. 나치가 왔을 때, 저는 저의 바람과 의지와는 무관하게 포즈난에서 도망가야 했고 폴란드를 떠나야 했습니다. 전쟁 이후에 공산당에 가입한 것은 제 결정이었죠. 당시의 주어진 상황 속에서 저 자신의 경험에 비추어볼 때, 제가 떠올릴 수 있었고 제가 할 수 있었던 최선의 결정이었습니다. 저만 그런 신념을 가졌던 게 아니었어요. 레세크 코와코프스키처럼 이후 열렬한 반공주의자가 되어 버린 많은 이들도 저와 같은 결정을 내렸습니다.

부인께서는 선생님의 영향으로 공산당에 가입하셨죠. 한번은 이런 일을 겪으셨다고 합니다. 당원 남자에게 여성 동지 이야기를 했더니, 그 동지가 제명에 이르게 되었다는 겁니다. 부인의 말씀이 빌미를 준 거죠. 부인께서는 그때의 충격을 묘사하십니다. 그런데 선생님께서는 부인께 이렇게 설명하셨다고 합니다. "믿음이 가지 않는 개인들과 무자비한 출세주의자 그리고 미성숙한 당원이 여전히 가득하지만", 그럼에도 "공산당은 사회 정의를 위한 가장 강력한 힘"이라고요. 그리고 "혁명에는 무고한 사람의 희생이 수반될 수밖에 없다"고요. 하지만 이후에는 코와코프스키 씨와 선생님 두 분 모두 이런 논리를 방패로 삼으려고 하지 않으셨죠.

이론과 실천의 분리는 위선을 만들어냅니다. 그리고 위선은 도덕적 병리현상을 일으키죠. 저희는 이론과 실천 사이의 심연과 심연을 둘러싸고 벌어지는 현상을 서서히, 그러나 혹독하게 인식했습니다. 각성에 이르기까지 저희는 어느 정도 나란히 길을 걸어왔습니다. 딱 한 가지만 제외하면 말이죠. 저는 당을 여전히 바른 길로 이끌 수 있을 것이며 당의 커다란 과오를 안으로부터 바로잡을 수 있을 것이라는 환상 앞에 더 오랫동안 무릎을 꿇고 있었습니다. 레세크보다 일이 년을 더 그러고 있었죠. 저는 아직도 이 점이 부끄럽습니다. 이후 망명 기간을 거치면서 저희 둘은 아주 다른 입장을 취하게 됩니다. 레셰크와 달리 저는 상대 진영의 사람들과 어울려본 적이 없습니다. 상대 진영에 그 어떤 열정도 보인 적이 없다는 점은 말할 필요도 없고요. 저는 변함없이 사회주의자입니다.

선생님께서는 붉은 군대의 폴란드 사단에서 병사로 계셨고, 전쟁 이후에는 폴란드 내무보안단의 장교가 되셨습니다. 그런데 군사 훈련 외에 정치교육이나 흔히 말하는 이념주입도 있었습니까?

독일 점령군과의 전쟁이 이어지는 동안 정치교육은 거의 이루어지지 않았습니다. 점령을 끝내는 것이 유일한 목표였으니까요. 폴란드는 이후 어떻게 될 것인가? 이건 부차적인 문제였습니다. 그러나 군사 작전이 끝나면서 상황이 바뀌었어요. 내무보안단의 병사들은 사회의 단면을 보여주었습니다. 관심과 성향이 서로 달랐고, 이는 폴란드 사회 속 분열의 반영이었죠. 교육에서는 군인의 덕목이라는 익숙한 주제 외에 정치적인 주제도 다뤄졌습니다. 이런 질문이 중심이었죠. "폴란드인에게는 어떤 폴란드가 가장 절실한가?" 그때까지는 열려 있는 질문이었어요. 학계의 화제는 '마르크스-레닌주의' 대 '부르주아 철학'이었습니다. 하지만 병사들과 저의 토론 주제는 이랬어요. "공장은 누구의 것인가?" "경작지는 누구의 것인가?

2007년, 독일과 폴란드의 역사가인 보그단 무샤우는 선생님께서 폴란드 내무보안단에 계셨다는 이유로 선생님을 공격했습니다. 반공주의자에 대해 이루어진 살인과 고문 그리고 감시 활동으로 인해 내무보안단은 비판을 받고 있습니다. 하지만 무샬은 선생님께서 그런 활동에 가담하셨다는 증거를 전혀 발견하지 못했습니다.

『프랑크푸르터 알게마이네 차이퉁Frankfurter Allgemeinen Zeitung』에 실

린 무샬의 기사에 새로운 사실은 없습니다. 제가 공산주의자였다는 사실도, 그 기간이 1946년에 시작되어 1967년에 이른다는 사실도, 그리고 소위 '내무 부대'에 제가 수년간 복무했다는 사실도 모두가 압니다. 새로운 사실은 기껏해야 이런 거죠. 제가 군사 첩보 업무도 보고 있었다는 겁니다. 하지만 그때 저는 19살이었고, 거기에는 3년 있었던 게 전부입니다. 비밀 서약 때문에 밝히지 못했던 겁니다.

그런데 어떤 업무를 보셨나요?

특별한 건 없었습니다. 지루한 사무실 업무였죠. 선전과 선동을 담당하는 부서에 있었습니다. 징집 대상자의 이론교육과 정치교육 자료를 준비해야 했고 이데올로기적인 팜플렛을 작성해야 했습니다. 다행히도 그런 업무는 곧 끝났습니다.

무샬은 '정보원 세몬'에 관한 기록을 인용합니다. 세몬은 선생님의 암호명이었죠. 내용은 이렇습니다. "그는 유용한 정보를 얻어 온다. 유대 혈통 때문에 작전에는 투입할 수 없다." 체제 반대자에 대한 정보 수집이 선생님의 임무였습니까?

물론 저에게 그런 걸 기대했겠죠. 하지만 제 기억이 닿는 한에서 저는 그런 부류의 정보는 제공한 적이 없습니다. 저는 사무실에 앉아서 문서를 작성했고, 사무실은 그런 정보를 얻을 수 있는 곳이 아니었어요. 그런데 무샬은 이런 사실은 언급하지 않죠. 저는 삼년 동안 군사 첩보 업무를 맡았지만, 정보 기관에 의해 십오년 동안 감시를 당했어요. 누군가가 따라다니며 저를 염탐했고, 저에 대한 보고서를 만들었으며, 제 전화를 도청했고, 저의 집에 도청 장치를 설치했습니다. 이외에도 많아요. 저는 체제 비판자라는 이유로 처음에는 군대에서, 다음에는 대학에서, 마침내 폴란드에서 쫓겨나게 되었습니다.

선생님께서는 1956년 헝가리 봉기 이후 당 내부의 반대 세력에 속하셨습니다. 부인께서는 선생님과 가족이 어떤 식으로 추적을 받고 괴롭힘을 당했는지 알렸습니다. 선생님께서는 부인과 결혼하기 위해서 군대 상관인 즈지스와프 비브로브스키Zdzisław Bibrowski 대령의 허가를 받으셔야 했습니다. 비브로브스키 대령은 선생님처럼 공산주의자였지만 당의 노선에 충실하지 않았습니다.

사회의 건강한 줄기와 기형적 갈래를 구분하는 법을 배웠습니다. 저는 사회주의적 이념에 제 심장을 바쳤지만, "현실사회주의real existierenden Sozialismus"는 저를 난감하게 했습니다. 동독의 반체제 인사 루돌프 바로Rudolf Bahro가 '현실사회주의'라는 단어를 만들어내기 전이었고, 제가 동독으로부터 쫓겨나기도 한참 전이었죠. 이처럼 이념과 현실 사이에는 커다란 간극이 있었습니다. 비브로브스키는 이러한 간극에 눈을 뜨게 해주었습니다. 나아가 비브로브스키는 사회주의 이념에 충실하기 위해서는 이념의 희석과 타락에 맞서 싸워야 한다는 점을 보여주었습니다. 저는 한 번 배운 이후로 그 교훈을 잊지 않고 있습니다.

부인께서는 비브로브스키 대령이 유대인이라는 이유로 1952년 해임되었다고 말씀하십니다.

비브로브스키는 자신의 견해 때문에 여하튼 조만간 떠나야 했을 겁니다. 그에게는 지적으로 훌륭한 자질이 있었습니다. 그의 열린 가슴과 비판적인 정신은 비슷한 성품의 젊은 장교들을 끌어들였고, 그들을 '숙청Säuberungen'으로부터 지켜줬습니다. 하지만 그는 국가

보안기관의 빠른 전문화에는 쓸모가 없다는 평가를 받았습니다. 비브로브스키는 반공주의자가 아니었습니다. 정반대였죠. 그는 자신의 신념을 걸고, 공산주의의 이름으로, 공산주의의 악용과 훼손 그리고 타락에 맞섰습니다. 그는 체제에 이바지하고 싶었을 뿐만 아니라 자신의 인간성도 지키고자 했습니다. 다른 사람의 인간성을 지켜 주기 위해서였죠. 그런데 이런 말이 있죠. "플라톤은 친구다. 하지만 진리는 더 나은 친구다." 아리스토텔레스로부터 나온 격언입니다. 저는 플라톤을 사랑하지만 진리를 더 사랑합니다. 비브로브스키는 이전의 본업으로 돌아갔습니다. 다시 엔지니어가 되었죠. 얼마 지나지 않아 그가 감싸고 있었던 작은 무리도 그의 족적을 따라갔습니다. 저도 그중 한 명이었고요.

선생님께서도 자발적으로 나가신 건 아니네요. 선생님께서는 정치적으로 의심스럽다는 이유로 1953년 1월 군대에서 면직을 당하셨습니다. 그리고 2개월 후에 이오시프 스탈린Josef Stalin이 사망했습니다. 스탈린은 당시 서구에서도 '위대한 인물'로 추앙되고 있었습니다. 부인의 회상 또한 비슷합니다. 스탈린이 "무쇠 주먹으로 파시즘이라는 괴물을 박살냈다"는 거죠. 선생님께 스탈린의 죽음은 어떤 경험이었습니까?

엄청난 충격이었습니다. 어찌되었건 저뿐만 아니라 저보다 명민한 많은 사람들도 대체로 그의 지혜를 믿었고 그의 결정에 기댔으니까요. 그렇게 그가 드리우는 커다란 그늘 아래서 13년을 살았습니다. 그 사이 전체주의에 대한 심리학적 지식이 축적되었습니다. 그럼에도 저는 여전히 정신적 질식의 상태를 온전히 이해하는 데에 어려움을 느낍니다. 스탈린과 히틀러 숭배 현상에 관해서는 수많은 저술이 있습니다. 이러한 저술은 현상을 엄밀하게 기술합니다. 하지만 현상을 여전히 파악할 수 없는 것으로 여기죠. 가망이 없다고 할 정도로요. 개인숭배의 경험을 생생하게 들여다보고 싶으시다면 노벨상 수상자 스베틀라나 알렉시예비치Swetlana Alexijewitsch의 『세컨드핸드 타임Secondhand-Zeit』을 읽어보는 게 가장 나은 방법일 겁니다. 그녀는 현상을 해명하지 못합니다. 하지만 현상에 가장 가까이 접근합니다. 몸소 체험해보지 못한 이들을 위해 제의의 신비를 파헤치고 그 복잡성을 드러내 보이죠. 그런데 저는 요즘 들어 이런 제의가 다시 유행하게 될지도 모른다는 악몽에 시달리고 있습니다.

선생님께서는 마르크스주의가 정교한 사상 체계로서 얼마나 매력적이었습니까?

생산관계와 생산력에 대한 사상, 가치법칙에 대한 사상, 노동계급 해방에 대한 사상, 이외에도 비슷한 사상들이 있죠. 하지만 저는 제가 이런저런 사상 때문에 공산주의의 길로 들어섰다고 생각하지는 않습니다. 철학이나 정치경제학의 문으로 들어간 게 아닙니다. 당시의 상황은 역사에 대한 낭만적이고 반항적인 시각, 그리고 우리 청년의 역할과 밀접하게 연관되어 있었습니다. 저에게는 이런저런 사상보다 상황에 대한 인식과 역사적 시각의 실현이 더 중요했습니다. 레셰크의 1956년 에세이 『신들의 죽음Der Tod von Göttern』의 훌륭한 표현을 인용하자면, "더 나은 세계에 대한 신화"가, "평등과 자유의 왕국"에 대한 꿈이, "파리 코뮌의 형제, 러시아 혁명의 노동자, 스페인 내전의 군인이" 되는 듯한 느낌이 우리를 사로잡았던 겁니다.

부인께서 쓰신 비망록에 따르면, 군대에서의 면직 이후 '현실사회주의'에서 나타나는 이론과 실천의 모순이 '이론의 형성 이래 100년이 흐른 지금, 마르크스의 이론은 새로이 해석되어야 한다'는 생각으로 선생님을 이끌었다

고 합니다. 선생님께서 생각하시기에 마르크스 이론에서 오늘날까지 유효한 부분은 어디인가요?

경제적인 메커니즘에 대한 그의 분석은 당연히 시대에 뒤떨어져 있습니다. 마르크스의 저술 활동은 19세기 중반에, 그러니까 지금과는 완전히 다른 상황에서 이루어졌습니다. 하지만 마르크스에게는 매우 중요한 통찰이 있고, 그의 통찰이 저를 지금까지도 작업으로 이끕니다. 그중 하나 제가 특별히 좋아하는 것이 바로 사회학에 대한 옹호입니다. 사회학 고유의 '존재 이유raison d'être'를 알려주죠. 마르크스는 말합니다. "인간은 눈 앞에 존재하는, 주어진, 계승된 상황 안에서 역사를 만든다. 역사를 만드는 인간은 스스로의 상황을 택할 수 없으며 완전한 자유를 누리지도 못한다." 사회학의 학문적 존재 기반이 여기에 있습니다. 이런 논증을 위해 평생을 보내는 사람도 있겠죠. 여하튼 상황은 만들어져 있습니다. 하지만 우리가 고른 게 아닙니다. 중요한 건 이겁니다. 이 상황은 어떻게 생겨났으며, 우리를 무엇으로 떠미는가? 우리는 이 상황을 어떻게 다룰 수 있으며, 어떻게 바꿀 수 있는가? 현재의 생활조건이 우리를 짓누르고, 우리는 이러한 생활조건을 아는데, 우리가 어떻게 의식적으로 역사를 만들 수 있는가? 이것이 우리 존재의 비밀이죠.

이것이 선생님의 사회학에서 특별히 어떤 의미를 지닙니까?

이탈리아의 철학자이자 마르크스주의자였고 이탈리아 공산당의 발기인이었던 안토니오 그람시Antonio Gramsci의 활동은 마르크스의 이런 사고에 바탕을 두었습니다. 저에게 가장 큰 영감을 주었죠. 저는 그를 제 나름의 형식으로 따랐습니다. 그 형식을 저는 사회학적 해석학soziologische Hermeneutik이라고 부르는데요, 사회학의 한 흐름인 해석학적 사회학hermeneutische Soziologie과 혼동해서는 안 됩니다. 사회학적 해석학은 사람들이 받아들이는 이념과 그들이 따르는 원칙을 다룹니다. 사회학적 해석학은 사회의 조건과 상황 그리고 상태에 대한 성찰을 의미합니다. 인간이라는 종에게 사고는 운명입니다. 인간은 호모 사피엔스죠. 우리는 무언가를 단지 육체적으로 경험하고 체험하지 않습니다. 경험들은 정보와 허위 정보의 조각들입니다. 우리는 그 조각들로부터 의미를 끌어내고 이념을 창조하며 계획을 세우려고 하죠. 반대로 전문적인 해석학은 지난날의 이념으로부터 오늘날의 이념을 끌어내고 이념의 과거로부터 이념을 해석합니다. 이념이 증식하고 번식하며 난교하는 모습을 밝혀내죠. 그러나 제가 볼 땐 사정이 다릅니다. 인간의 정신을 지배하는 이념에서 사회의 신체로 나아가서 둘의 관계를 찾아야 합니다. 문제는 여기 있습니다. 우리가 서로 갈라져 있다는 거죠. 우리는 정치적으로 다른 진영에 들어가서 파벌을 달리합니다. 우리는 같은 경험을 다르게 해석할 수 있다는 단순한 이유에서 다른 곳에 적을 두고 다른 곳에 충성합니다. 그람시의 이념에는 헤게모니적 철학die hegemoniale Philosophie의 이념이라는 이름이 붙어 있었습니다. 헤게모니적 철학의 이념이니 대체로 건전한 인간지성gesunder Menschenverstand의 이념이겠죠. 헤게모니적 철학을 철학적 비판의 의미로 파악해서는 안 됩니다. 칸트, 라이프니츠 등에 대한 논의가 아닙니다. 오히려 그리스인들이 '독사Doxa'라고 불렀던 것에 대한, '참으로 여김das Fürwahrhalten'에 대한, 그러니까 지식과 구별되는 의견에 대한 것이죠. 독사는 사고의 대상이 되지 않는 사고입니다. 그럼에도 거기에 맞추어 행동하게 되죠. 어디인가 쌓여서는 세계에 대한 지각의 틀을 형성합니다. 지배적인, 헤게모니적인 이념은 인간의 생활조건을 반영합니다. 여기에는 수수께끼 같은 면이 있죠. 저는 그람시 덕에 그 수수께끼를 푸는 데에 삶의 대부분을 바쳐왔습니다. 요 근래에는 신자유주의가 인기를 얻고 있습니다. 그리고 강력한 지도자starker Führer의 귀환에 이목이 쏠리고 있죠. 모두 갑작스러운 현상입니다. 요즘은 이 두 현상을 이해하는 데에 애쓰고 있습니다. 저에게는 새로운 도전이죠.

선생님께서는 18살에 소비에트 공화국에서 베를링Berling 장군이 이끄는 군대에 입대하셨고, 최전방에 배치되셨습니다. 전쟁이 끝나고 귀국하셨을 때 고향 폴란드는 황폐화되고 부서져 있었습니다. 전쟁에서의 경험이, 그리고 전쟁 이후 폴란드에서의 경험이 선생님께 어떤 영향을 주었습니까? 선생님께서는 소비에트 공화국에 계시던 때 물리학을 공부하며 여가를 보내셨습니다.

저는 소비에트 공화국에서 결성된 폴란드 군대와 함께 귀국하고 있었습니다. 그때 이미 자연과학에서 사회과학으로 관심이 옮아가고 있었어요. 근데 폴란드에 도착해서 눈앞의 광경을 마주하고 나니 마음이 더 빨리 기울어지더라고요. 독일 점령 이전에도 폴란드는 가난에 찌들어 있었습니다. 일자리가 거의 없었고, 있더라도 변변찮았죠. 사회적 불평등은 용납할 수 없는 수준에 이르렀고요. 근데 독일이 점령하고 6년이 지나니 모든 게 더 엉망이 되더군요. 국토를 가로지르는 전선 앞에서 민족은 무릎을 꿇었고 대지는 타들어 갔습니다. 제가 사회와 정치 쪽으로 전공을 틀었던 건 놀라운 일이 아닙니다. 그리고 제대 이후에는 그쪽에 전념했죠.

독일이 봉기를 진압하고, 이십만여 명의 주민을 죽이며, 도시를 잿더미로 만드는 것을 러시아가 기다리는 사이, 선생님께서 계셨던 경포연대는 바르샤바 앞 비스와 강에 자리를 잡았습니다. 선생님께서는 1945년 3월에 벌어진 코워브제크 전투에서 부상을 입고 야전병원에 입원하셨고 그 이후에는 베를린 전투에 참가하셨습니다. 선생님께는 십자무공훈장이 주어졌죠. 그런데 정확히 어떤 이유로 훈장을 받으신 건가요?

저도 모릅니다. 그 표창은 제가 야전 병원에 있던 때 주어졌습니다. 그런데 제가 표창을 받았다는 사실은 이후에야 알 수 있었습니다. 누가 표창을 건의했는지 이미 알 수 없게 된 때였죠. 저는 다른 수많은 폴란드 군인보다 결코 더 용감하지 않았고, 이 점이 제가 기자님께 말씀드릴 수 있는 것의 전부입니다. 제가 시가전에 참가한 것이 코워브제크 탈환에 큰 역할을 했다고는 생각하지 않습니다.

그리고 베를린 전투에서는요?

야전 병원에서 나온 후에 베를린까지 걸어갔습니다. 도착하니 5월 3일이더군요. 전쟁의 막바지였습니다. 그리고 5월 8일에 독일이 항복했죠.

군대에 계시는 동안 무언가 이후의 지적 작업에 영향을 주었던 것을 배우셨나요?

역사는 사정이 '본래 어떠했는지wie es eigentlich gewesen' 전해야 한다는 것이 레오폴트 폰 랑케Leopold von Ranke의 요구입니다. 저의 40년대 체험을 오늘날 재구성하다 보면 랑케의 요구를 거스를 위험이 있습니다. 제가 확신할 수 있는 건 제가 재구성의 결과대로 행동했는지 스스로 확신할 수 없다는 점밖에 없습니다. 과거는 암시와 지시로 가득하지만, 미래는 각자의 지향점일 뿐이죠. 따라서 미래에 대한 추측보다 과거에 대한 추측이 더 풍부합니다. 제가 지금 과거를 어떻게 바라보고 있는지, 그 방식에 대해서 말씀드리고 있는 겁니다. 그러나 쓰여진 문자와 지워진 문자가 켜켜이 쌓여 있는, 두터운 양피지의 깊디깊은 장을 제가 열어젖혔는지 알 수도 없고 장담

할 수도 없습니다.

구체적으로 여쭤보겠습니다. 선생님께서는 이후 바르샤바 대학교 사회학과의 교수가 되셨습니다. 군대에서의 경험이, 무엇보다도 폴란드 해방의 경험이 선생님께서 취임 당시 견지하셨던 이념에 영향을 주었습니까?

『로스앤젤레스 리뷰 오브 북스』기자도 2014년에 똑같은 질문을 했어요. 똑같은 답변을 드려야겠네요. 당연히 영향을 미쳤습니다. 아니라고 생각하세요? 어떻게 아닐 수 있을까요? 군대에서든 사회에서든 삶의 경험은 삶의 행로와 다를 수 없고, 삶의 경험이 강렬할수록 둘의 관계는 더 깊어지죠. 삶의 경험은 우리가 세계를 지각하고 세계에 반응하는 방식에, 그리고 세계 속에서 걸어갈 길을 정하는 데에 영향을 미칩니다. 삶의 경험은 행렬을 형성하고, 행렬은 치환의 과정을 거쳐 고유한 삶의 여정을 산출합니다. 삶의 경험은 개입하기보다는 유도하면서, 의식적으로 선택하기보다는 선택의 폭을 제한하면서 조용히 잠행한다는 거죠. 스타니스와프 렘Stanisław Lem이라는 사람이 있었어요. 폴란드의 위대한 이야기꾼이자 철학자 그리고 과학자인데요, 한번은 그가 자신이 태어날 확률을 계산하기 위해 스타니스와프 렘이라는 사람을 탄생으로 이끄는 우연의 목록을 제시했습니다. 장난삼아 한 일은 아니었어요. 과학적으로는 그의 존재가 불가능에 가깝다는 것이 그의 결론이었죠. 따라서 결정의 원인과 동기에 대한 회고적인 재구성에는 위험이 따른다고 경고해야 마땅합니다. 어떤 흐름에서, 일어날 당시에는 염두에 두지도 않았던 일련의 기정사실에서 구조와 논리를, 심지어는 운명을 찾을 수도 있으니까요. 기자님도 저의 대답을 어느 정도는 유보적인 입장에서 받아들이셔야 합니다. 이런 당부를 드리고자 이렇게 흔하고 사소한 진리를 끄집어낸 겁니다. 악의 기원, 사회적 불평등과 그 결과, 불공평의 뿌리와 도구, 대안적인 생활방식의 기여와 한계, 인간의 기회와 경계, 인간 스스로의 역사 규정. 제 학문적 관심은 이랬습니다. 일정한 경향을 보이죠. 이런 경향이 전쟁 경험과 전후 초기의 경험에 의해 형성되었을 것이라고 쉬이 짐작들 할 겁니다. 그러나 이런 경향이 그러한 짐작을 충분하고 '명백하게' 뒷받침할까요? 비에스와프 미슐리프스키Wiesław Myśliwski라고 폴란드에서 손꼽히는 작가가 있습니다. 『오즈타니에 로즈다니에Ostatnie Rozdanie』가 그가 요 근래에 마지막으로 낸 책이죠. 번역하면 『마지막 한판Letzte Runde』이고요. 이 책은 매혹적인 이야기를 탁월한 문체로 표현할 뿐만 아니라 생애 서술에 대한 기나긴 성찰도 담고 있죠. 지나온 삶에 대한 폭넓고 질서 있는 재구성을 의도하며 호기롭게 시작지만, 곧 덫에 걸리고, 함정에 빠지며, 난제에 봉착하고, 근심에 휩싸이게 된다는 겁니다. 미슐리프스키는 스스로에 대해 이렇게 씁니다. "나는 엉망진창으로 살았다. 사물이 어떻게 질서를 이루는지, 그 질서에 속하려면 어떻게 해야 하는지 조금도 알지 못했다. 나는 이 순간과 저 순간에 머물렀고, 이 사건과 저 사건을 옮겨 다녔다. 파편이나 조각처럼 갈기갈기 찢어져 있었으며 썰물에 쓸려가고 밀물에 쓸려오듯 우연에 기대왔다. 가끔씩 이런 느낌이 들었다. 비어 있다는 이유로, 아니면 나 아닌 다른 이의 것이라는 이유로, 삶이라는 이름의 책에서 누군가 한 움큼의 페이지를 뜯어가 버린 것 아닐까?" 그리고 생각을 이어가죠. "누군가는 이렇게 말할 것이다. 그럼 기억은 무엇이고 회상은 또 무엇인가? 우리 자신을 지켜주는 건 기억이 아닌가? 우리가 다른 누군가가 아니라 우리 자신이라는 느낌을 주는 건 기억이 아닌가? 우리를 온전하게 만들어주는 건 기억이 아닌가? 우리를 가리키는 건 기억이 아닌가?" 미슐리프스키는 이렇게 답합니다. "기억은 우리의 상상에 의해 좌우된다. 기억 자체는 믿을 만한 정보원이 될 수 없고, 기억 속에서 우리에 관한 진실을 찾는 것도 불가능하다. 때문에 나라면 기억을 믿으라고 말하지는 않을 듯하다.” 그럼에도 프랑크푸르트 학파의 전기를 쓴 마틴 제이 Martin Jay라는 미국의 역사학자 또한 비슷한 견해를 대변합니다. 저만의 인생 경험이 액체 근대에 대한 저의 해석에 영향을 미쳤으리라는 겁니다. 제 삶의 역사에서 저는 한 마리 새에 불과했습니다. 조류학자가 아니라 한 마리 새요. 새를 조류 도감 전문가라고 할 사람은 아마 없을 겁니다. 제가 겪었던, 그리고 제가 뚫고 지나왔던 아슬아슬했던 상황에 대한 저의 경험이 제가 무엇을 보았고 그것을 어떻게 보았는지에 영향을 미쳤음이 틀림없다는 통속적인 견해에 제가 무언가를 덧붙여 말할 자격은 정말이지 없다고 느낍니다.

독일이 폴란드를 기습하고 2주가 지난 때에 선생님의 가족은 마지막 열차를 타고 소비에트 연방으로 피난을 갔습니다. 그로부터 30여 년이 지난 때에 선생님께서는 고향인 폴란드를 다시 떠나셔야 했습니다. 이후 이스라엘에 잠시 머무르신 후에 영국으로 이주하셨죠. 폴란드에서 시작하여 영국에 이르는 여정에서 머무르고 지내오신 곳을 헤아리실 수 있습니까?

셀 수 없을 정도로 많죠. 바르샤바 시절에 저희 가족은 프로이센 거리 17번지에 세 들어 살았어요. 부모님과 누이 그리고 저, 이렇게 같이 지냈죠. 그리고 모요데츠노로, 그러니까 오늘날의 벨라루스 말라제치나Maladsetschna로 피했습니다. 당시 몰로데츠노는 독일-소련 불가침조약에 근거하여 붉은 군대가 점령했고 벨라루스 소비에트 사회주의 공화국에 병합되었습니다. 저희는 어느 농가에 딸린 단칸방에서 지냈어요. 1941년, 독일군이 몰로데츠노를 정복하기 전에 저희는 고리키 북부의 중심지인 샤후냐Shakhunia로 갔습니다. 이후 샤후냐는 다시 니즈니노브고로드Nischni Nowgorod로 이름이 바뀌었죠. 과부가 세 놓은, 창 하나 없고 작은 방에서 힘들게 버텼어요. 전쟁이 끝난 후, 1948년에서 1954년에 이르는 기간 동안 야니나와 저 그리고 첫째 딸 안나는 저희 부모님과 함께 바르샤바 산도미에르스카 거리의 방 세 칸짜리 연립주택에 살았습니다. 다음으로 야니나와 저는 세 딸과 함께 제드노츠니아 가로수길에 있는 방두 칸짜리 연립주택으로 이사를 갔습니다. 그 다음에는 노보트키 거리로 집을 옮겼죠. 이민을 가기 전까지 거기서 살았습니다. 거긴 지금 안더스 장군 거리로 이름이 바뀌었습니다. 1968년에는 어쩔 수 없이 폴란드를 떠나야만 했죠. 텔아비브에서 막간을 보내고 나서 1971년부터 영국 리즈시 론스우드 가든 1번지에 살고 있습니다. 저도 여기서 세상을 뜨겠죠. 처음에는 야니나와 두 딸 그리고 장모님과 함께 살았습니다. 나중에는 야니나와 저만 남았고요. 지금은 두 번째 부인인 알렉산드라 야신스카카냐Aleksandra Jasińska-Kania와 살고 있습니다.

선생님께서는 박사 학위 취득 직후인 1957년에 미국 장학금을 받으셨고, 그 장학금으로 두 학기 동안 런던 정치경제대학교에 계셨습니다. 부인께서는 선생님께서 컴컴하고 냉랭하고 눅눅한 지하방에서 치즈와 만두로 근근이 버티셨고 영어와 씨름하며 가족을 그리워하셨다고 말씀하십니다. 슬픔에 잠긴 채 지독한 외로움을 느끼셨고 부인께서 방문하실 수 있도록 돈을 아껴 두셨다는 말씀도 있었고요.

아, 그랬죠. 처음에는 절망적이었어요.

그 뒤로는 사정이 좀 나아졌다고 부인께서는 말씀하십니다. 영국에 오셨을 때, 부인께서는 그 유명한 하이든 파크 코너Hyde Park Corner에서 정권을 격렬하게 비판하는 이들이 잡혀가지 않는다는 점에 놀라셨죠.

저희는 그 한 달을 무척이나 즐겁게 보냈습니다.

부인의 비망록에 따르면, 전쟁으로 황폐해진 40년대 후반의 폴란드에서는 일자리를 쉽게 구할 수 있었다고 합니다. 공사장, 공장, 제철소, 사무실, 그리고 연구소와 기업의 본사, 이처럼 도처에서 인력을 필요로 했으며, 모든 것이 가능했고, 어떠한 한계도 없었다고 합니다. 선생님 스스로도 1948년 바르샤바에서 학업을 시작하셨습니다. 전쟁이 끝나고 3년이 지난 때였죠. 당시 대학의 상황은 어떠했습니까?

저는 정치사회과학원에 다녔습니다. 그저 그런 선생들을 되는대로 불러모아 만든 곳이었죠. 엉망진창이었습니다. 교과서는 없었어요. 있는 건 초라한 추천도서 목록뿐이었죠. 강의는 밤에만 열렸어요. 학생 대부분이 일을 했으니까요. 거기서 뭘 많이 배웠다고 생각하지는 않습니다. 야니나를 만났던 게 거기서 얻은 전부입니다. 학부 과정을 마치고 바르샤바 대학교에서 석사 과정을 밟으면서 제대로 된 공부를 시작했습니다. 바르샤바 대학교에서는 스타니스와프 오소브스키Stanisław Ossowski, 율리안 호흐펠트Julian Hochfeld, 타데우시 코타르빈스키Tadeusz Kotarbiński, 브로니스와프 바치코Bronisław Baczko 그리고 레세크 코와코프스키 같은 학자들에게 배웠습니다.

박사 논문 주제는 무엇이었습니까?

독일 철학자 빌헬름 빈델반트Wilhelm Windelband와 하인리히 리케르트Heinrich Rickert의 이념입니다. '문화과학Kulturwissenschaften'의 바덴 학파Badische Schule로서 막스 베버Max Weber에게 영향을 주었죠. 신칸트학파의 가치지향적 철학에 대한 논문이라고 할 수 있겠네요.

부인께서는 선생님께서 직업 장교 시절 '열정적으로' 극장에 가셨다고 말씀하십니다. 당시 사회주의 바르샤바의 무대 위에는 어떤 작품이 올려졌습니까?

당시의 폴란드에서는 극장이 대단히 중요한 역할을 했습니다. 극장은 독일에게 박살이 난 바르샤바에서 가장 일찍 복구된 건물 중 하나입니다. 권력을 쥐고 있는 지식인들은 연극과 영화를 재정적으로 아낌없이 후원해줬어요. 이런 경우는 폴란드 역사상 처음이자 마지막이었습니다. 프리드리히 뒤렌마트Friedrich Dürrenmatt, 베르톨트 브레히트Bertolt Brecht, 외젠 이오네스코Eugène Ionesco, 루이지 피란델로Luigi Pirandello의 작품을 걸출한 배우의 연기와 비범한 감독의 연출을 통해 감상할 수 있었습니다. 영화에 있어서는 이탈리아 네오리얼리즘부터 언급해야 하겠습니다. 루키노 비스콘티Luchino Visconti, 산드로 드 산티스Sandro de Santis, 로베르토 로셀리니Roberto Rossellini, 미켈란젤로 안토니오니Michelangelo Antonioni, 페데리코 펠리니Federico Fellini가 그런 흐름에 속합니다. 하지만 동독과 체코 그리고 헝가리의 새로운 영화계도 빼놓을 수 없습니다. 아니면 루이스 부뉴엘Luis Buñuel과 장 르누아르Jean Renoir 류의 프랑스 고전 영화도 있겠네요.

젊은 시절에는 어떤 사람이 되고 싶으셨나요?

어릴 적부터 물리학과 우주론에 열광했습니다. 물리와 우주에 관한 연구에 제 삶을 바치려고 했어요. 하지만 극도의 비인간성이 제 삶을 할퀴고 갔습니다. 난민이 되어 폭격으로 쑥대밭이 된 거리로 내몰렸고, 처들어오는 나치군을 피해 필사적으로 도망갔고, 망명의 비참함 속에서 기적처럼 목숨을 건졌으니까요. 이런 경험이 없었다면 저는 아마 물리학자가 되었을 겁니다. 그렇지만 얻은 것도 있습니다. 이곳저곳 떠돌아다니면서 셀 수 없이 다양한 삶의 방식에 관심을 가지게 되었으니까요. 하지만 그렇다고 해서 물리학과 천문학에 대한 관심을 잃어버린 적은 없습니다.

어릴 적에는 어떤 것을 읽으셨습니까?

처음에는 평범한 어린이 도서를 봤습니다. 제임스 페니모어 쿠퍼 James Fenimore Cooper, 잭 런던Jack London, 제인 그레이Zane Grey, 카를 마이Karl May, 쥘 베른Jules Verne, 로버트 루이스 스티븐슨Robert Louis Stevenson, 알렉상드르 뒤마Alexandre Dumas 그리고 폴란드 작가 중에 코르넬 마쿠신스키Kornel Makuszyński 작품은 전부 다 읽었죠. 나중에는 폴란드 고전을 전부 다, 아니면 거의 다 읽었습니다. 산문도 읽고 시도 읽었어요. 아담 미츠키에비치Adam Mickiewicz, 볼레스와프 프루스Bolesław Prus, 헨리크 시엔키에비치Henryk Sienkiewicz, 스테판 제롬스키Stefan Żeromski, 엘리자 오제슈코바Eliza Orzeszkowa, 율리우시 스워바츠키Juliusz Słowacki 같은 사람들이 쓴 작품이죠. 포즈난을 떠나기 이삼 년 전에 아동문학과는 작별했습니다. 빅토르 위고Victor Hugo, 찰스 디킨스Charles Dickens 그리고 레프 톨스토이Lew Tolstoi, 이들은 가장 중요한 작가로서 저의 새로운 양식이 되었습니다.

어릴 적에 부모님께서 책을 읽어 주셨나요?

아버지께서는 제가 잠자리에 들기 전에 책을 읽어 주셨습니다. 저녁 여덟 시에 일을 마치고 오시면 어김없이 그러셨죠. 피곤하신 날에도 마찬가지였습니다. 한 단원을 마치기 전에는 주무시지 않았습니다. 그렇게 아버지께서는 활자에 대한 당신의 존중과 열정을 저에게 옮기셨습니다. 그때 읽어 주신 작가가 … 지어내면 안 되니까 확실히 기억나는 만큼만 말하겠습니다. 쥘 베른Jules Verne, 크리스티안 안데르센Christian Andersen, 셀마 라겔뢰프Selma Lagerlöf 그리고 스벤 헤딘Sven Hedin 정도가 있겠네요. 저는 남쪽보다는 북쪽으로 가는 여행이 더 좋은데요, 이건 다 스웨덴의 위대한 탐험가 스벤 헤딘 덕이죠.

3

유대교와 양가감정
JUDENTUM
UND AMBIVALENZ

적응: 유대인을 공산주의로 이끌었던 것

선생님께서는 자전적인 이야기는 언제나 무척 삼가셨습니다. 선생님의 독자들은 선생님의 생각은 알아도 선생님이 어떤 분이며 어디서 오셨는지는 알지 못합니다. 선생님의 가족사에 대해 말씀해주실 수 있나요? 아버지와 어머니는 어떤 분이셨나요?

저희 아버지 마우리치 바우만Maurycy Bauman은 1890년에 스우프차 Słupca에서 태어나셨습니다. 거긴 시장이 열리는 도시였어요. 당시에는 프로이센에 속해 있었고요. 그리고 1960년에 이스라엘의 기밧 브레너 키부츠Kibbuz Givat Brener에서 돌아가셨습니다. 저희 아버지는 독학을 하셨어요. 전통적인 유대교 사립 학교인 헤데르Cheder에 다니지 않으셨고 어떤 정규 교육도 받지 못하셨죠. 저희 할아버지는 마을에서 가게를 하는 분이셨습니다. 일곱 명의 자식이 공부하도록 부양할 능력도 의지도 없으셨죠. 저희 아버지는 여러 언어를 스스로 배우셨습니다. 열정적인 독자이셨고 직접 무언가를 쓰기도 하셨습니다. 아버지는 돌아가시면서 방대한 양의 이디시어 원고를 남기셨어요. 그런데 저뿐만 아니라 키부츠에 있는 어느 누구도 그 원고를 읽을 수 없었죠. 개중에는 저의 누이 테오필라Teofila도 있었고요. 걔는 이미 1938년에 팔레스타인으로 건너가서 아버지와 같은 키부츠에 살고 있었거든요. 아버지가 남기신 종이와 노트 더미는 유감스럽게도 제 누이가 전부 버렸습니다.

아버지의 부모님은 종교적이셨습니까?

할아버지는 실천적인 정통파 유대인이셨습니다. 하지만 신학적이거나 문화적인 교양과는 거리가 있으셨죠. 저희 아버지는 할아버지와는 반대로 실천의 세계에서 평생을 추방당한 채 지성의 세계에서만 사신 분이십니다. 교양에 가까워지는 만큼 실천과는 멀어지셨죠. 일 년에 한 번 속죄일인 욤 키푸르Jom Kippur에만 회당에 가고 금식을 하셨어요. 일찍이 세속적인 시온주의자가 되셨고 평생을 그렇게 사셨죠. 시오니즘이 아버지의 종교였다고 말할 수 있겠네요.

어머니는요?

저희 어머니 조피아Zofia는 1884년에 브워츠와베크에서 태어나셨습니다. 당시에는 그곳이 지역 중심지였어요. 1914년까지는 러시아 영토였고, 부모님이 결혼하시던 1917년에는 독일이 점령했죠. 외할아버지는 공장을 운영하셨어요. 건축 자재를 만드셨죠. 유복한 집안 덕에 어머니는 학교에서 더 배우실 수 있었습니다. 문화를 한껏 향유하셨고 야망을 품으셨죠. 하지만 부엌에 계시는 동안에는 어쩔 수 없이 꿈을 접어 두셔야 했습니다. 말씀드렸듯이 어머니는 그동안 요리라는 이름의 연금술을 보이셨어요. 창조적 열망을 그렇게 발산하셨던 것 같습니다. 그런데 부엌에서의 경험이 어머니께 예기치 못한 기회를 안겨 주었습니다. 어머니만의 요리 솜씨가 때마침 딱 필요하게 된 거죠. 그 기간이 1939년에서 돌아가시던 해인 1954년에 이릅니다. 전쟁 중에는 소비에트 군대의 영내 식당에 계셨고 전쟁 이후에는 바르샤바의 음식점에 계셨습니다.

아버지와 어머니는 무엇을 만드셨나요?

두 분이 결혼하셨을 때, 이 젊은 부부에게 저희 외할아버지 레온 콘Leon Cohn은 포즈난에 있는 작은 직물 가게를 차려 주셨습니다. 하지만 아버지는 희한하다 싶을 정도로 사업 수완이 없으셨고, 머릿속은 방금 읽은 문장들로 가득했죠. 금세 망해버렸습니다. 이후에는 한동안 일 없이 지내시다가 자살 시도를 하셨어요. 미수에 그쳤지만요. 그리고 포즈난의 대형 상점에서 회계원 자리를 얻으셨죠. 그 뒤로는 줄곧 회계원으로 계셨습니다. 저희가 소비에트 연방에 있던 때에도, 1946년에 폴란드로 돌아오던 때에도요. 어머니가 돌아가신 후에 아버지는 이스라엘로 이민을 가셔서 키부츠에 자리를 잡으시는데, 그때에도 회계 일을 맡으셨습니다.

1956년 소련 공산당 제20차 전당 대회에서 흐루쇼프Chruschtschow는 스탈린의 악행을 혹독하게 비판했고 독재자 숭배에 종지부를 찍었습니다. 이후 해빙기가 찾아왔죠. 선생님 아버지께서는 이런 해빙기에 이민을 가셨습니다. 당시 일부 유대인은 공산당과 공안부 그리고 악명 높은 비밀경찰의 간부 자리에 있었습니다. 그 때문에 폴란드에서 유대인 혐오는 더욱 강해졌습니다. 새로운 반유대주의 흐름 속에서 폴란드 공산당 서기장 브와디스와프 고무우카Władysław Gomułka는 유대인에게 이스라엘 이민이라는 선택지를 제시했습니다. 그때 이미 선생님 아버지 연세는 일흔에 가까우셨죠. 어머니께서는 얼마 전에 돌아가셨고요. 그럼에도 아버지께서는 그 기회를 잡아 여권을 신청하셨습니다. 그리고 1957년 2월에 여권을 받아 출국하셨죠. 어머니께서도 팔레스타인 이민을 원하셨나요? 어머니께서도 아버지와 시온주의를 공유하면서 조상의 땅에 묻히기를 원하셨나요?

저희 집안 분위기는 조금도 시온주의적이지 않았습니다. 어머니는 스스로를 완전한 폴란드인으로 여기셨죠. 아버지는 이스라엘 이민을 꿈꾸셨죠. 하지만 어머니는 꿈에서도 그런 소원은 들어주지 않으셨을 겁니다. 아버지는 어머니께서 돌아가실 때까지 기다리는 수밖에 없었어요. 그 후에는 첫 배를 타고 떠나셨고요. 테오필라는 아버지보다 훨씬 일찍 팔레스타인으로 갔어요. 그때는 변덕스럽고 정치에는 조금도 관심 없는 십 대였죠. 포즈난 시절 시온주의가 무엇인지 설명해야 했을 때 심각한 어려움을 느꼈을 겁니다. 하지만 저희 아버지는 대단할 정도로 자유주의적인 분이셨죠. 저희가 솔직하게 살고 뭘 하든 잘 되기를 바라셨어요. 간섭하지 않으셨습니다. 나치가 침공하기 전에 부모님은 테오필라를 이스라엘로 보내셨습니다. 딸의 목숨이 위험해지는 걸 원치 않으셨으니까요. 1938년에 스무 살 먹은 팔레스타인 남자 하나가 무역 박람회차 포즈난에 왔다가 저희 누이를 보고는 반해버렸습니다. 저희 부모님은 처음 온 기회를 딱 잡으셨죠. 그길로 제 누이는 그 남자한테 시집을 가버렸습니다. 저희 아버지는 나중에 그 둘이 있는 키부츠로 가셨고요. 시온주의라는 평생의 꿈이 허상에 불과했다는 사실을 아버지는 거기서 깨달으셨습니다.

아버지께서 이민 상담을 위해 바르샤바에 있는 이스라엘 대사관을 찾아가셨다는 이유로 선생님께서 아버지와 절연하셨다고 부인께서는 말씀하십니다. 1952년 12월, 스탈린이 반유대주의적 '숙청운동Säuberungskampagne'을 발표한 이후의 일이죠. 아버지께서 '서방세계'와 접촉하셨고, 이게 빌미가되어 선생님께서는 1953년 1월 갑작스레 군대로부터 쫓겨났습니다. 그리고 기피인물로 낙인찍혀 이웃과 지난날의 동료에게서 외면을 받았죠. 하지만 이후 아버지와 화해를 하셨습니다. 그런데 아버지와 함께 이스라엘에 계셨던 남매 분과는 거의 연락하지 않으셨습니다. 왜 그러셨나요?

1938년에 포즈난을 떠난 이후로 테오필라와는 드문드문 연락했어요. 15년 동안은 연락이 전혀 없었고, 25년 동안은 편지만 가끔씩 주고받았어요. 제가 이스라엘에 있던 1968년에서 1970년 사이에는 그 집 애들이랑 손주들을 만났어요. 그런데 솔직히 말해서 걔네랑 말할 기회는 거의 없었죠. 이야깃거리도 마땅치 않았고 언어 문제도 있었어요. 제가 이스라엘을 떠난 이후로는 연락이 끊어졌어요. 테오필라는 1999년에 기밧 브레너 키부츠에서 죽었습니다. 딸 하나, 아들 둘과 두 번째 남편이 데려온 양아들 하나가 있었죠.

유년기는 어떻게 보내셨나요? 유대인 집안 아이들과 함께 자라셨나요?

저희 집은 포즈난 예지체에서 유일한 유대인 가정이었습니다. 저는 그 동네 초등학교의 유일한 유대인 학생이었고요. 1938년에 처음으로 제 또래 유대인 애들을 만났죠. 제가 고등학교에 진학했던 해입니다. 모두 합해서 네 명이었어요. 딱 학교에서 받을 수 있는 만큼만 있었죠. 제가 다녔던 베르거 고등학교는 유대인 학생을 받아주는 유일한 고등학교였어요. '정원제numerus clausus'로 받기는 했지만요. 저희 반에서 유대인 아닌 애들은 전부 보이스카우트였어요. 걔네를 무지 부러워했던 기억이 납니다. 걔네가 저희 넷에게 주어진 자리를 '게토 분단Schulbank-Ghetto'이라고 불러서 저희끼리는 아무것도 같이할 수 없었어요. 그런데 새로 만난 친구들 중 하나는 하쇼머 하차이르Hashomer Hatzair에 속해 있었어요. 시온주의 운동의 사회주의 분파에 속하는 청소년 조직이었죠. 그 친구는 보이스카우트를 유대적으로 베끼고 베이든-파월 운동Baden-Powell-Bewegung을 폴란드식으로 변형한 조직으로 저를 끌어들였습니다. 그리고 두 달 후에 전쟁이 발발한 다음에 저는 소련에 갔습니다. 전향은 쉬웠어요. 느슨하고 어색하게 붙어있던 '시온주의'를 '사회주의'에서 떼어냈을 뿐입니다. 소비에트에는 콤소몰이라는 공산주의 청년단체가 있었는데요, 이런 단체는 인종에 따라 나뉘어 있지 않았습니다.

바우만이라는 이름은 어디서 왔나요?

독일식 정서법으로는 바우만Baumann에 'n'이 두 번 들어갑니다. 하지만 저희가 독일군이 물러난 후에 폴란드로 돌아왔을 때, 아버지는 저희 가족을 'n'이 한 번 들어가는 바우만Bauman으로 등록하셨습니다. 정확히 언제 어떻게 그렇게 되었는지 저는 모릅니다. 제가 증명할 수는 없죠. 저는 그곳에 없었어요.

부인께서는 열네 살에 바르샤바 게토로 가셨고 나치의 공포를 몸소 느끼셨습니다. 부인의 가족 대부분이 살해되었습니다. 이런 이유로 부인께서 폴란드를 떠나고 싶어하시지 않았나요? 1948년 5월 14일에 이스라엘이 세워졌는데 말입니다. 이스라엘은 전세계 유대인에게 고향과 같은 안전한 피난처였고요.

야니나는 나치가 점령한 폴란드에서 끔찍한 일을 겪었습니다. 그 때문에 저를 만나기 전에 이미 이스라엘 이민을 결심했죠. 하지만 결국에는 폴란드에 남는 것에 동의했어요. 설득하는 일이 그리 어렵지는 않았습니다. 야니나는 시온주의가 뭔지 전혀 몰랐으니까요. 시온주의에 대한 야니나의 관심은 우연한 것이었고 상당히 어색했습니다.

그 문제로 서로 싸웠지만, 둘이 함께 폴란드에 남는다는 사실에 이상하게 금세 안심이 되었다고 부인께서는 말씀하십니다.

야니나는 폴란드가 자신의 고향이라고 느꼈습니다. 야니나가 그린 이스라엘의 모습은 자상한 어머니와 같았어요. 하지만 상상 속 어머니는 가면을 벗었고, 결국에는 비정하고 잔인한 계모가 되었죠.

선생님께서는 시온주의를 공산주의와 양립할 수 없는 것으로 여기셨고, 고향 없이 핍박과 박해 속에 살아가는 유대인을 위해 '요새'를 만드는 일을 새로운 민족주의 활동으로 여기셨다고 부인께서는 말씀하십니다. 폴란드군과 함께 고향으로 돌아오시는 길에서 홀로코스트에 대해 직접 목격하신 적이 있나요?

제가 있던 경포연대가 루블린에 도착했을 때 제가 처음으로 보았던 곳이 마이다네크입니다. 나치가 강점기 폴란드에 지은 끔찍한 절멸수용소Vernichtungslager였죠. 시체들이 여기저기 무더기로 쌓여 있었어요. 시체 처리는 그제서야 시작되었죠. 하지만 수용소 강제 추방을 간신히 면한 야니나와 달리, 저는 단 한 번도 이런 공포와 비인간성의 세계에서 살아본 적이 없습니다. 여느 사람들처럼 그런 세계는 말과 글을 통해서 접해보았을 뿐입니다. 참으로 감사한 일이죠.

선생님께서는 『근대성과 홀로코스트Die Moderne und der Holocaust』에서 도발적인 명제를 제시하셨습니다. 공장식의 인간학살이라는 사고는 근대의 산물이고 독일 민족주의의 전유물이 아니라는 거죠. 오늘날에도 아우슈비츠가 가능한가요? 가능하다면 어떤 조건에서 그런가요?

근대는 제노사이드의 시대가 아닙니다. 근대는 근대적인 방식의 제노사이드를 가능하게 해주었을 뿐입니다. 공장기술과 관료제, 무엇보다 세상을 뒤집어 바꿀 수 있다는 야망 때문이죠. 내키지 않더라도 신의 섭리를 따라야 한다는 것이 중세 유럽의 믿음이었다면, 우리는 그런 믿음을 받아들일 필요가 없다는 겁니다. 이제는 무언가 그저 견뎌야 할 필요가 없는 거죠.

상상과 똑같은 형태를 세계에 부여할 수는 있죠.

바로 그런 이유로 근대는 파괴의 시대이기도 합니다. 개선과 완성에 대한 추구와 완벽한 존재에 대한 바람은 새로운 질서에 적합하지 않아 보이는 수많은 인간의 말살을 요구했습니다. 파괴는 새로운 것의 고유한 본질입니다. 불완전한 모든 것의 박멸은 완성의 조건입니다. 이런 방향으로 이루어진 눈에 띄는 시도가 바로 나치주의자와 공산주의자의 프로젝트입니다. 무규칙하고 자의적이며 권력에 저항하는 모든 것을 박멸하는 것이 이들 프로젝트의 주요 과제였죠.

이전에는 신의 이름으로 사람을 죽였습니다. 십자군 전쟁 같은 것이 그 예죠. 그럼에도 신의 죽음이 비극의 문을 열었다고 할 수 있을까요?

세계를 스스로 통제하겠다는 것이 근대의 야망입니다. 자연도, 신도 아닌 우리가 세계를 주무르고 있습니다. 신이 세계를 창조했습니다. 하지만 신은 자리에 없거나 죽었습니다. 따라서 우리 스스로 세계를 관리하고 모든 것을 새롭게 만들게 된 겁니다. 유럽 유대인의 박멸은 거대한 프로젝트의 일부에 지나지 않습니다. 독일인을 중심으로 모든 민족을 집단으로 이주시키겠다는 더 큰 그림이 있었던 거죠. 아찔할 정도로 오만하고 무시무시한 계획이었습니다. 그 계획을 실현하기 위해 필요했던 요소가 바로 전체주의적 권력이었고요. 오늘날 이런 권력이 존재하지 않는다는 건 다행스러운 일이죠. 여하튼 이런 부류의 계획은 공산주의 러시아나 나치 독일에서만 실행할 수 있었던 것입니다. 무솔리니 시절의 이탈리아나 프랑코 시절의 스페인 같이 전체주의적 분위기가 조금이라도 덜했던 나라에서는 이런 일이 일어날 수 없었습니다. 전체주의적 권력이라는 요소가 없었으니까요. 이대로 변함없도록 신께서 도와주시길 바랍니다.

하지만 대개는 국가사회주의적 프로젝트를 정반대로 이해합니다. 야만으로의 회귀이자 근대와 근대적 문명의 근본사상에 맞서는 반란이라는 거죠. 근대의 속행이 아니라는 겁니다.

오해입니다. 근본사상이 그렇게 극단적으로 표현되었다는 게 원인입니다. 여하튼 표현 자체는 한없이 급진적이었죠. 숙고 없이 나서려는 채비가 되어 있었습니다. 하지만 국가사회주의자와 공산주의자는 실제로는 남들도 하고 싶어 하는 것만 했습니다. 그러나 그마저도 심지가 굳지 못했고 그리 경솔하지도 않았습니다. 극적인 면이 부족하거나 거리낌이 덜하더라도 우리는 오늘날에도 여전히 그런 짓을 하고 있습니다.

어떤 말씀인가요?

인간 사이의 거리두기와 인간 교류의 자동화입니다. 끊임없이 진행되고 있죠. 오늘날 모든 기술의 목표입니다. 인간적인 접촉을 가능한 한 피하는 것이 진보로 여겨지는 거죠. 그 결과 우리의 행위는 양심에서 점점 더 멀어지게 됩니다. 누군가를 사람 대 사람으로 마주할 때 필연적으로 느끼게 되는 그런 양심으로부터 말입니다.

'양가감정Ambivalenz'은 후기 근대의 인간의 조건Conditio humana입니다. 이를 처음으로 느꼈던 이들이 유대인입니다. 선생님께서는 모호성Mehr-deutigkeit이라는 문제를 학문적으로 천착하신 바 있습니다.

유대인은 양가감정에 첫 번째로 노출된 이들입니다. 의도치 않게 새로운 세계를 발견하게 된 거죠. 양가감정의 전위die Avantgarde der Ambivalenz라고 부를 수도 있겠네요. 그들은 그 누구보다도 먼저 이런 상태에 적응했습니다. 우리가 살고 있는 후기 근대의 특징적 상태에 말이죠.

선생님께서는 공산주의 폴란드에서 반유대주의를 경험하셨습니다. 1968년 3월의 소요 속에서 교수직을 잃고 폴란드를 떠나야만 했죠. 양가감정 개념에 대한 선생님의 사고는 당시의 경험에 얼마나 기대고 있나요?

도움이 되었다고 생각합니다. 스스로의 영혼의 논리를 탐구하는 일은 무척이나 어려웠습니다. 이런 탐구는 언제나 회고 속에서, 시간이 지난 후에 일어난 사건으로부터 얻은 지식을 가지고 이루어집니다. 물론 다른 방법은 없습니다. 문제는 이거죠. 양가감정에 대한 질문을 던지기 시작했던 때에도 오늘날의 회상에서 보이는 이런 동기를 의식하고 있었는지 말이죠. 이것이 당시 제 사고의 일부였을까요? 아니면 이후에 얻은 지식 때문에 이런 게 떠올랐던 걸요? 뭐라고 말씀드릴 수가 없네요.

양쪽 다 옳을 수도 있겠네요.

폴란드에서의 경험과 어느 정도 관계가 있을 거라고 생각하시네요. 기자님 짐작이 논리적으로는 맞습니다. 저는 바르샤바에 동화된 유대인으로서 폴란드 정신과 극적인 사랑을 나누었습니다. 폴란드 문화, 폴란드 언어, 폴란드 문학, 폴란드적인 모든 것에 반해버렸죠. 하지만 그들 사이에 속할 권리는 주어지지 않았습니다. 이방인이라는 이유에서였죠. 타데우시 코타르빈스키Tadeusz Kotarbiński 라는 폴란드의 저명한 철학자가 있습니다. 저에게는 대학 시절 은사이시기도 합니다. 시간이 날 때면 시를 쓰셨고, 시와 관련된 것을 말씀하셨죠. 지금 우리의 대화 주제에 대해서도 시를 쓰셨어요. 그 시가 생생하게 떠오릅니다. 책 제목이 『명랑한 슬픔Heitere Traurigkeiten』이었습니다.

역설적인 제목입니다. 감정의 양가성이네요!

코타르빈스키는 논리학자였습니다. 양가성을 끔찍이 싫어했죠. 양가성은 그의 앞을 가로막았고, 그는 양가성에 맞서 싸웠습니다. 하지만 그는 양가성을 포착하는 일에 능했습니다. 양가성이 안겨주는 영감은 그를 저술 활동으로 이끌었습니다. 그 시는 사회주의에 경도된 대지주의 아들을 다룹니다. 그는 출세주의자가 아닙니다. 더 나은 사회를 만드는 일에 진심으로 함께하고자 하고 그런 일을 돕고자 합니다. 그는 당원 중의 한 사람에게 묻습니다. "당신들 진영에 들어가려면 제가 뭘 해야 하나요?" 이런 대답이 돌아오죠. "지주의 아들이길 그만둬야죠."

유대인이길 그만두는 것만큼이나 불가능한 일이네요.

저는 저 자신이길 그만둘 수 없었습니다. 저는 유대적 전통에 충실하려 하지도, 동시에 폴란드적 전통에 충실하려 하지도 않았습니다. 저는 저 자신을 폴란드인으로 정의했습니다. 오늘날에도 마찬가지고요. 기자님도 아시겠지만 저는 제 책의 서평에서 항상 폴란드 사회학자로 불립니다. 하지만 누구든 유대인으로 불리기 위해서는 폴란드를 떠나야 하죠.

잉글랜드에 계신 지가 40년이 넘었습니다. 이제는 선생님께 폴란드 음식이 어떻습니까? 요즘도 폴란드 음식을 드시나요? 보르시Borschtsch, 비고스 Bigos, 사과를 곁들인 오리구이Ente mit Äpfeln 같은 거요.

자주 먹지는 않습니다. 재료를 폴란드 식료품점에서 사와야 하고 아무데서나 구할 수가 없어요. 하지만 물론 당연히 폴란드 음식을 사랑합니다. 비고스와 피에로기Piroggen, 폴란드식 라비올리polnische Ravioli는 특히 더 좋아합니다. 폴란드에서 무척이나 사랑받고 있지만, 폴란드 이민의 물결이 일기 전까지는 최근까지도 잉글랜드에서 구할 수 없었던 것도 있죠. 바로 청어Hering입니다. 여기 사람들은 모르죠. 하지만 이제는 청어를 살 수가 있어요. (지그문트 바

우만은 크루아상과 다른 페이스트리가 담긴 접시를 가리킨다.) 그
런데 프랑스식 요리법으로 만든 건 맛보지 않으셨네요! 드세요, 기
자님을 위해 특별히 구운 겁니다!

감사합니다!

여기 잘 익은 딸기가 있는데 왜 안 드시나요? 사양하시면 안 됩니다!

매번 탁자 가득 음식을 차려 주시니 어디부터 손을 대야 할지 모르겠습니
다. 먹으면서 대화에 집중하는 것도 쉽지가 않네요. 그것도 이렇게 진지한
주제에 관해서 말이죠. 어디까지 얘기했나요? 아, 이른바 사회주의의 학문
적 기초를 세운 이가 마르크스고, 그는 유대인이었다, 여기까지 얘기했네
요. 사회주의는 인종에 따른 구분과 유대인에 대한 적대를 끝낼 것이라 생
각하셨기에 선생님에 대한 사람들의 태도에 실망하셨던 건가요? 사회주의
사회는 민족과 인종 그리고 언어가 문제되지 않는 평등주의적 사회일 것이
라고 생각하셨나요?

공산주의 또는 사회주의 운동에 참여하면서 유대인은 자신들의 정
체성에 관한 양가감정을 극복할 수 있었다고 수많은 저자들은 말합
니다. 두 운동에 비교적 많은 유대인이 속해 있었던 건 이런 이유에
서였다고 설명하죠. 공산당은 입당 희망자의 인종적 배경을 보지
않았습니다. 중요한 건 순응, 충성 그리고 복종이었죠. 어떤 인종
에 속해 있는지는 관심이 없었어요. 공산당에 들어가는 순간 사람
들은 낡은 양복을 벗어 던지듯 인종적 정체성을 내려놓았습니다.
적어도 1930년대까지는 그렇게 보였어요. 하지만 이는 환상이라는
사실이 곧 드러났죠. 그리고 공산주의의 이념으로부터 민족주의적
볼셰비즘이 생겨났죠. 그런데 유대인 스스로가 다른 모든 사람과
동등한 대우를 받는다고 느낄 수 있었던 곳이 당시에는 공산주의

조직밖에 없었습니다. 그곳에서는 더 이상 열등한 소수가 아니었던 거죠. 바로 이 점 때문에 유대인이 공산주의 운동에 이끌렸던 게 아닐까 생각합니다.

그리고 나치의 가장 맹렬한 적은 공산주의자였습니다. 1939년 1월 30일 제국 의회에서 이루어진 히틀러의 연설처럼 '유럽 내 유대 인종의 박멸'이 나치의 계획이었습니다.

오, 맞아요. 중요한 지적입니다. 일관되게 진행된 반 나치 운동은 공산주의 운동밖에 없었습니다. 제가 어렸을 때니까 기억나는 사람들만 놓고 말씀드리자면, 1930년대에는 많은 사람들이 나치와 공산주의 외에는 선택지가 없다고 말했어요. 나치에 대한 서구 민주주의의 태도는 매우 미온적이었습니다. 나치를 파트너로, 정치의 동등한 참여자로 대했죠. 유대인들은 무엇이 다가올지 느꼈습니다. 그건 그들에게 생사의 문제였죠. 세계의 미래를 걱정했던 비유대인들도 다음과 같은 결론에 도달했습니다. 나치주의자가 되거나 공산주의자가 되거나 둘 중 하나를 선택해야 한다는 거죠. 나머지 사람들은 재앙을 말없이 지켜보았을 뿐이고요.

선생님께서는 유대인이라는 이유로 폴란드에서 쫓겨났고 폴란드 시민권을 잃었습니다. 이스라엘에 가셨지만 오래 계시지는 않으셨죠. 시온주의에 더 가까이 다가가셨던 때에도 시온주의에 매력을 느끼지는 못하셨습니다. 이유가 무엇인가요?

아이고, 상당히 아픈 질문이네요.

저도 압니다.

시온주의에 전혀 끌리지 않았어요. 정말입니다. 왜 제가 이스라엘에 머물지 않으려고 했을까요? 이유는 간단해요. 저는 폴란드 바깥으로 던져져서 이스라엘로 왔습니다. 누가 그랬습니까? 폴란드 민족주의자들요. 그리고 이스라엘에서는 민족주의자, 유대 인종주의자가 되라는 요구를 받았습니다. 민족주의에 대한 치료법을 또 다른 민족주의에서 찾으려는 건 터무니없고 소름 끼치는 생각입니다. 민족주의에 대한 유일한 치료법은 민족주의가 존재하지 않게 하는 겁니다. 이스라엘에 살던 때에 자유주의 성향인 『하아레츠 Haaretz』에 기고문을 하나 올렸습니다. 이스라엘에 사는 동안 눈에 띄었던 것들에 대한 글이었죠. 의역하자면 제목은 이 정도였습니다. "평화를 위해 준비하는 것이 이스라엘의 의무이다". 제 평생의 예언 중에서 백 퍼센트 옳다고 증명된 건 그 기사에 실린 것이 유일합니다. 1971년에 이스라엘 사회에, 이스라엘인의 정신에, 의식과 도덕 그리고 윤리 등등에 어떤 일이 일어날지 예언하는 데에는 어느 정도의 통찰과 용기가 필요했습니다. 서구 사람들은 6일 전쟁의 승리에 대해 여전히 기뻐합니다. 다윗 대 골리앗이었다는 거죠. 그 글에서 저는 이렇게 말했습니다. "인간적인 점령은 없다. 이스라엘의 팔레스타인 영토 점령 또한 역사 속의 다른 점령들과 전혀 다르지 않다. 모든 점령은 부도덕하고 잔인하고 파렴치하다. 억압당하는 민족만이 아니라 점령하는 자도 화를 입는다. 점령은 점령하는 자를 도덕적으로 타락시키고 장기적으로는 쇠퇴하게 한다." 나아가 저는 이스라엘 내의 사고와 권력의 군사화를 예언했습니다. 국가가 군대를 지배하는 것이 아니라 군대가 국가를 지배할 것이라고 말이죠. 정확히 그런 일이 벌어졌죠. 저 자신도 감히 예상하지 못했을 정도로요. 오늘날 이스라엘인의 80퍼센트는 전쟁 상황이 아닌 상황에 살아본 적이 없습니다. 전쟁은 그들의 자연 서식지입니다. 이스라엘인 대다수가 평화를 원하지 않습니다. 부분적으로는 평화 상태의 사회적 삶에서 발생하는 문제를 다루는 기술을 잊어버렸기 때문에 이렇게 된 것이 아닌가 하는 의심이 듭니다. 폭탄을 던지고 집들을 잿더미로 만들어 버림으로써 문제의 해결을 불가능하게 하는 상황에서 말입니다. 어려운 문제에 대한 대안을 어떻게 찾을 수 있을까? 폭력의 행사 외에 다른 해결책은 없을까? 이런 걸 배울 기회가 전혀 없었어요. 그들의 핏속에는 폭력이 흐르고 있습니다. 그들이 세계를 바라보는 방식이죠. 이스라엘은 스스로를 막다른 골목에 몰아넣었어요. 저는 원래 낙관주의자입니다. 하지만 저도 이스라엘의 상황은 낙관적으로 볼 수가 없습니다. 장기적으로 본다고 해도요. 정말이지 해결책이 전혀 안 보이니까요. 제가 해결책을 찾지 못하는 이유는 단순합니다. 사회학적으로 생각하기 때문입니다. 해결책을 찾기 위해서는 누군가 사람이 있어야 합니다. 아니면 계획을 실행할 충분히 강력한 인간 군집이 있어야 하죠. 이스라엘에서 평화세력은 주변부에 머물러 있습니다. 무의미하고 영향력 없는 집단이 되어버렸죠. 그 누구도 그들에게 귀 기울이지 않습니다.

평화에 대한 의지에 있어서는 팔레스타인인도 크게 다르지 않습니다.

네, 그들도 강경하고 비타협적이죠. 그런데 팔레스타인인은 너무 많은 좌절을 겪었습니다. 그들은 약속이 깨지고 이스라엘이 요구하는 협상 개시 조건이 늘어나기만 하는 상황을 수년간 체험했습니다. 이스라엘과 팔레스타인의 긴급회동이 임박하면 이스라엘 정부는 새로운 정착촌을 건설하겠다고 통보합니다. 그렇게 팔레스타인 영토의 일부를 다시 빼앗아 가는 거죠. 저는 이 문제에 있어서는 정말이지 낙관주의자가 아닙니다. 이 문제에 대해서는 깊이 생각하고 싶지 않아요. 결말은 아마 파국적일 겁니다. 하지만 저는 곧 죽을 거고 미래에 일어날 일을 직접 겪을 필요가 없죠. 저는 이게 차라리 기쁩니다. 제가 쓴 『근대와 양가성Moderne und Ambivalenz, Modernity and Ambivalence』을 읽어 보셨나요?

그 책에서 시온주의를 특히 자세히 다루셨죠.

저는 그 책에서 시온주의에 대한 견해를 밝혔습니다. 시온주의는 유럽 민족주의의 산물이었죠. 이에 대해서는 의문의 여지가 없습니다. 시온주의의 창시자 테오도르 헤르츨Theodor Herzl은 이런 슬로건을 내걸었습니다. '땅 없는 민족을 위한 민족 없는 땅.' 유럽 제국주의의 모든 사건은 이 슬로건에서 시작됩니다. 식민지는 임자 없는 땅으로 여겨졌습니다. 식민지 지배자는 그곳에 사람이 있다는 사실을 무시했습니다. 그들에게 그곳에 사는 사람은 동굴 속에서, 숲 속에서, 문명과 동떨어진 원시적인 환경에서 살아가는 야만인이었죠. 그곳에 사는 사람은 가난했고 힘이 없었습니다. 신경 쓰지 않아도 되었고 문제로 인식되지도 않았죠. 시온주의 이스라엘에서도 똑같은 일이 일어납니다. 시온주의는 유럽 역사의 제국주의 시대의 마지막 잔존물이라고 저는 생각합니다. 물론 이게 마지막은 아닐 수 있습니다. 이런 게 몇몇 더 있기는 하니까요. 하지만 잔존하는 것 중에서 가장 주목을 끌고 있는 건 이것이라는 점은 확실합니다. 그러니까 시온주의는 유럽 제국주의의 변형일 뿐인 거죠. 하지만 저는 헤르츨을 이해할 수 있습니다. 우리는 문명화된 민족이다. 우리는 야만의 땅에 문명을 가져다줄 것이다. 이런 게 그가 살았던 시대의 이념이었던 거죠.

4

지성과 참여

INTELLEKT
UND ENGAGEMENT

사회학: 사회학이 경험과 체험을 분리해서는 안 되는 이유

선생님께서는 스스로의 생각을 밝히기 위해 이스라엘에서만 발언권을 행사하셨던 건 아닙니다. 장 폴 사르트르Jean-Paul Sartre는 지배계급 이데올로기에 대한 비판과 인민의 교육이 지식인의 과제라고 보았습니다. 반대로 미셸 푸코Michel Foucault는 '특수적spezifisch' 지식인, 특수한 문제에 대한 전문가를 옹호했습니다. 모두의 양심이자 '보편적universal' 지식인인 문필가의 상은 정치적으로 참여하고 권력을 추구하는 지식인의 상과 대립합니다. 두 사상가 모두 선생님께 영향을 끼쳤습니다. 이 물음에서 누구에게 더 마음이 가십니까?

미셸 푸코는 이제는 '특수적 지식인'이 종전의 '보편적 지식인'을 대체한다는 사실을 밝혀냈습니다. '특수적 지식인'은 자신의 분야에 정통하고 자신의 분야에 힘을 씁니다. 기자는 언론 자유를 위해, 외과 의사는 입원 환자를 위한 재정을 확보하기 위해, 배우는 극장의 보조금 확보를 위해 싸웁니다. 각자 자신의 직업에 밀접한 이익을 위해 싸우는 거죠. 그런데 푸코는 새로이 등장한 '특수적 지식인'의 경계를 정하기 위해 '보편적 지식인'이라는 개념을 사용합니다. 하지만 제가 보기에 '보편적 지식인'이라는 개념은 동어반복입니다. '지적인Intellektuell' 것의 정의는 보편적인universell 것입니다. 19세기에 이 용어가 생겨난 이후로 지식인der Intellektuelle은 자신의 직업적 역량과 지위를 넘어서 사회 일반의 이익을 염두에 두는 이로 여겨졌습니다. 일반의 정의에 딱 들어맞는per definitionem '일반'의 의미에서요. 이처럼 지식인은 사회의 가치와 도덕 그리고 생활 수준에 대해 숙고합니다. 그러니까 '보편적 지식인'이라는 말은 '버터적 버터'나 '금속적 금속' 같은 말과 마찬가지라는 거죠.

'특수적 지식인'은 그 자체로 모순이라는 말씀은 어떤 의미인가요?

그 개념은 정말이지 모순 어법입니다. '특수적 지식인'이 교양인일 수는 있습니다. 하지만 지식인은 아니죠. 지식인은 사회에서 일어나는 일을 관찰할 줄 알아야 합니다. 이건 개인적으로 그리고 직업적으로 제한된 이익을 넘어서는 과제죠. 지식인은 자기 국가의 국민에게 봉사해야 합니다.

그러나 지식인은 사회적 담론에서 더 이상 제 역할을 하지 않습니다. 유럽과 아메리카에서 만연해 있는 포퓰리즘 때문에 정치적인 논쟁에서 사실관계는 그 중요성을 완전히 잃어버렸습니다. 무엇이 진실인지는 더 이상 중요하지 않습니다. 무엇을 믿는지만 중요할 뿐입니다.

저는 기자님보다 더 회의적입니다. 진실을 찾는 이들은 대체로 정치에 발을 들여놓지 않습니다. 이제 정치는 진실이 아닌 권력의 문제입니다. 그저 권력 획득에 도움을 주면 좋은 거죠. 다른 방식의 정치는 없는 겁니다.

하지만 한때는 정치에도 이성의 담론 같은 것이 있었습니다. 지식인이라고 불릴 자격이 있는 사람이라면 그런 담론을 살펴야 했죠.

지식인은 정치권의 변동과 무관한 가치를 지키기 위해 존재합니다. 하지만 원칙적으로 정치인은 당면한 문제에 신경을 써야 하죠. 지식인의 과제가 더 까다롭습니다. 지식인은 물살을 거슬러 헤엄쳐 가야 합니다. 누군가가 과거에 포기해 버린 가능성을, 한동안 구석으로 밀쳐져서 시험과 실현의 기회를 얻지 못했을 뿐 여전히 살아있는 가능성을 구해내야 하니까요. 나중을 위해 이런 가능성을 지켜야 하는 겁니다. 지적인 작업은 장기간의 활동이고, 정치는 단기간이죠.

그래도 정치인의 시야가 다음 선거일 너머로 이어지는 것이 중요하지 않을까 싶습니다. 어쨌든 정치인이 다루는 문제도 그 정도의 기간을 요구하니까요.

2060년을 위한 훌륭한 계획을 들고 선거전에 뛰어드는 정치인을 상상해보세요. 그에게는 조금의 기회도 없을 겁니다. 그 대신 최근의 테러 공격과 근래에 밝혀진 부패 스캔들에 대해 떠들고 다닌다면 많은 표를 얻죠. 그리고 백만 명의 시리아인이 유럽의 문을 두드리고 있다는 어제의 화젯거리에 대해 소리를 지르고 다니면 그 자리에서 곧장 엄청난 추종자를 얻습니다. 프랑스의 마린 르펜Marine Le Pen이나 헝가리의 오르반 빅토르Viktor Orbán같은 사람들은 이런 식의 전략에 도가 텄습니다. 그런 식으로 정치적인 힘을 얻죠. 진실을 위해 몸을 바치고자 하는 인물요? 그런 사람이 정치인이 될 수 있을 거라고 생각하는 사람은 아마 없을 겁니다.

선생님의 저작은 그사이 60권에 이르렀습니다. 정해진 시간에 글을 쓰시나요? 아니면 그때그때 쓰시나요?

저의 하루는 생산과 투자로 나누어집니다. 그 가운데 아침은 저에게 창조적인 시간이죠. 아침 5시에서 점심 12시까지가 일을 하는 생산적인 시간입니다. 이후 점심을 먹고 잠시 낮잠을 잡니다. 하루의 두 번째 부분은 투자를 위해 쓰죠.

읽는 것 말씀이신가요?

예.

아마 상당한 수의 이메일에 답장도 하셔야 할 테고요.

그렇긴 합니다. 그런데 대부분은 읽지 않고 지워버려요. 스팸이 무지 많습니다. 하지만 반향이 적다고 해도 불평할 수는 없습니다. 저는 평균적인 사람보다 제 인생에서 뭔가를 할 기회가 훨씬 더 많이 있었으니까요.

선생님께서 존경하시는 작가인 조지 오웰 George Orwell**은 작가에게 결코 해서는 안 되는 질문을 스스로에게 했습니다. 조지 오웰 덕에 선생님께 그 질문을 드릴 수 있게 되었습니다. 왜 글을 쓰시나요?**

조지 오웰은 능숙한 단어의 곡예사이자 곡예의 효과에 대해 매우 엄격한 재판관입니다. 그는 뛰어난 유미주의자이고, 그의 작품은 저술가에게 척도를 제공합니다. 조지 오웰은 열여섯 살에 갑자기 '단어 자체'에 대한, '단어의 소리와 단어의 조합'에 대한 즐거움을 발견했다고 합니다. 그는 에세이집 『나는 왜 쓰는가Warum ich schreibe』에서 이렇게 말합니다. '불행한 결말로 끝을 맺는, 치밀한 서술과 놀라운 비유를 채워 넣은, 울림에 따라 단어를 선별한 덕분에 기교 가득한 구절로 넘쳐나는' '장대한 자연의 소설'을 적고 싶다고요. 제가 글을 적는 방식은 정반대입니다. 다른 이들과 나누고자 하는 것이 있다면 단어는 도움을 줄 뿐입니다. 일단 종이 앞에 서게 되면 단어는 더 이상 상관이 없는 겁니다. 저는 열한 살에 첫번째 기사를 냈습니다. 「나쉬 세글란트Nasz Przegląd」라는 일간지의 청소년 부록에 투고해서 인쇄까지 되었죠. 프랑스 언어학자 장 프랑수아 샹폴리옹Jean-François Champollion에 관한 기사였습니다. 그에 관한 글을 읽고 얼마 지나지 않은 때였죠. 그가 여러 번의 실패 끝에 이집트 상형문자를, 수천 년간 읽히지 않은 채 남겨져 있던 텍스트를 해독해내었다는 게 글의 내용이었어요. 저는 그 글을 읽고 나서 깊은 감명을 받았고 이 이야기를 온 세계에 알리고 싶다는 마음이 들었을 정도로 흥분했습니다. 이와 반대로 오웰은 '미적인 열정'을 글쓰기의 네 가지 동기 중 하나라고 부릅니다. '자신을 둘러싸고 있는 세계의 아름다움에 대한 감각 또는 단어와 단어의 바람직한 배열에 대한 감각'이죠. 저에게 이런 열정이나 감각이 있다고 말한다면 그건 거짓말이겠죠.

그 말씀이 더 거짓말 같네요. 선생님의 스타일을 놓고 봐도 그렇고, 언어와 리듬 그리고 구성에 대한 선생님의 감각을 놓고 봐도 그렇습니다.

저는 PWNPolskie Wydawnictwo Naukowe 출판사에서 몇 권의 학술서를 냈습니다. 당시 마리아 오피에르스카Maria Ofierska라는 분이 제 책의 편집위원이 되어 주셨죠. 과분한 행운이었습니다. 그 분은 말 그대로 '단어의 아름다움'과 단어의 '바람직한 배열'에 눈을 뜨게 해주셨어요. 그 분께는 쉽지 않은 일이었죠. 처음에는 불평이 가득한 학생을, 나중에는 열정적이긴 해도 아둔한 학생을 다루셔야 했으니까요. 그 분을 생각할 때면 깊은 후회와 양심의 가책 그리고 헤아릴 수 없는 감사함이 마음 속으로 섞여 들어옵니다. 그 분은 영웅처럼, 헤라클레스처럼, 동시에 시시포스처럼 작업하셨습니다. 저의 머릿속에 단어가 지니는 강력한 매력과 매혹적인 힘에 대한 존중과 최소한의 인정을 새겨 넣으셨죠. 표현하고자 하는 이념은 제 안에 들어차 있었지만 제대로 된 표현의 방식에 대해서는 지식도 감각도 없었으니까요. 그 분 덕에 글을 품위 있게 쓰는 방식을, 그리고 글을 쓰는 이는 사고의 정확성만이 아니라 언어의 아름다움에도 책임을 진다는 점을 알게 되었습니다. 저는 아직도 그 분께서 요구하셨던 그 높은 기준에 이르지 못했다는 점이 여전히 부끄럽습니다. 저를 그 수준까지 끌어올리지 못했다는 점이 말입니다. 저는 분명히 프랑스인이 말하는 '문인einen littérateur'이나 독일인이 말하는 '문예가einen Dichter'는 아닙니다. 저의 직업은 순수문학les belles lettres이나 자기목적적 문학Literatur als Selbstzweck이 아닙니다. 하지만 그런 일을 할 수 있다면 행복하겠죠.

선생님을 이끄는 동기에 대해 더 자세히 말씀해주실 수 있습니까?

왜 글을 쓰냐는 질문에 대해 오웰이 했던 네 가지 대답 중에서 "역사에 대한 감각"과 "정치적 참여"가 중요합니다. 한편으로는 "사물 자체를 관찰하고 사건의 진실을 찾아내 후대를 위해 기록하려는 바람"이고, 다른 한편으로는 "세계에 일정한 방향을 제시하고 이상적인 사회에 대한 타인의 시각을 바꾸려는 바람"이죠. 저는 이 점에서 오웰을 따르려 했던 것 같습니다. 무엇이 저를 움직이는지 물으신다면, 클로드 레비스트로스Claude Lévi-Strauss의 진술을 바꾸어 말씀드리는 수밖에 없습니다. 저 역시 사고에 동기를 제공하기보다 사고가 스스로 사고하도록 내버려둡니다. 이때 저는 제가 사고하기 시작했던 때만큼이나 불가사의하고 분노를 불러 일으키는 절망적인 세계에 기댈 수도 있습니다. 보세요, 저는 이미 꽤 오래 살았습니다. 그동안 새로운 주제와 문제들이 자꾸만 생겨났고 그것들을 이해해야 했습니다. 세계는 마르지 않는 사고의 우물입니다. 쉬지를 못하게 하죠.

선생님의 글쓰기는 매우 절제되어 있습니다. 정교한 흡인력이 있습니다.

'돌아보니까 그렇더라'는 식으로 말하는 건 잘못이죠. 즉흥성에 규율을 강요할 수도 없고, 예측할 수 없는 것에 논리를 강요할 수도 없습니다. 저의 사고가 잉태되는 세계는 규율이나 논리와 거리가 멉니다. 한 권의 책은 일관성을 요구하지만, 저의 세계는 그로부터의 자유를 느낍니다. 엄밀함과 정연함에 묶여 있지 않아요. 제게 제게 글쓰기란 쥐를 잡으려고 달리는 쥐의 꼬리에 소금을 뿌리려는 노력과 같습니다. 폴란드 속담처럼 이건 전혀 가망이 없는 방법이죠. 책에 '다음 편에 계속'이라고 쓰는 대신 마침표를 찍는 일은 끝나지 않았다는 괴로움을 안겨줍니다. 이건 저의 작업에서 예외이기보다는 규칙입니다. 대리석 덩어리에서 불필요한 모든 것을 쳐내라는 것이 미켈란젤로Michelangelo가 조각가에게 한 조언의 전부입니다. 저는 그의 조언을 따르려는 시도 속에서 글을 퇴고하기 시작했습니다. 저는 너무 멀리 나갈 우려가 있거나 독자의 관심을 주된 맥락에서 돌릴 수 있는 경우에는 실마리를 끊어버립니다. 마침표를 찍기까지, 다음 책의 단초가 될 법한, 그리하여 새로운 경험을 안겨줄 법한 부분은 잘라냅니다. 그렇게 상당한 부분이 쌓여가죠. 제가 왜 글을 쓰느냐는 질문에 요약하여 대답하기 위해서는 저의 작은 책『이것은 일기가 아니다This is not a Diary』의 서문을 반복하는 수밖에 없습니다. "이 경우 '어째서'라는 질문이 '무얼 위해서'라는 질문보다 더 알맞은 것 같다." 글쓰기의 이유는 넘쳐납니다. 눈에 띄어 뽑히기 위해 모여든 수많은 지원병과 응모자가 있습니다. 글을 쓰기 시작하겠다는 결정은 말하자면 중복결정überdeterminiert되어 있습니다. 일단 이유는 무척 단순합니다. 저는 삶은 곧 글쓰기라고 배웠기 때문입니다. 글을 쓰지 않은 날은 잃어버린 날 또는 위법하게 내쫓긴 날, 소홀히 한 의무, 저버린 소명처럼 느껴집니다.

선생님은 상아탑에 갇혀 있는 학자가 아니십니다. 학문분과의 동료만을 염두에 두지 않으신다는 점이 선생님께는 어떤 의미인가요?

제가 황야에서 목소리를 내고 있다는 점을 기자님께서는 알고 계십니다.

아뇨, 많은 이들이 선생님의 목소리에 귀를 기울입니다. 선생님의 책은 수많은 언어로 번역되어 있고, 수백만 명까지는 아니더라도 전세계의 수천 명에게 읽히고 있습니다.

보세요, 저는 일련의 실수를 저질러왔습니다. 제 판단에서나 인생에서나 말입니다. 그러나 하나의 상수가 있죠. 저는 세계를 더 나은 곳으로 만들고 싶었습니다. 그리고 이제 저는 죽음을 목전에 두고 있습니다, 그리고 저는 세계가 더 나아지지 않았다는 것을 압니다. 제 필생의 작업이 이 세계를 전혀 이끌지 못했다는 것을 의미합니다.

그럼 세계가 더 나빠져 있거나 그저 달라져 있을 뿐이라고 생각하십니까?

무척 대답하기 어려운, 무척 중요한 질문입니다. 어떻게 언어를 행위로 벼리어 낼 수 있는지를 알아내는 것이 저의 작업입니다. 지금은 이 일에 사로잡혀 있습니다. 저는 늙은이이고 여러 시대에 속합니다. 저는 쓰고, 강연을 하고, 여행을 하며 세계를 돌아다닙니다. 그런데 저는 노르베르트 엘리아스Norbert Elias처럼, 『문명화과정Über den Prozess der Zivilisation』의 저자처럼 살아가고 있죠. 그는 카를 만하임Karl Mannheim의 동료였고 지그문트 프로이트Sigmund Freud의 개인적인 제자였습니다. 그는 학생으로서 배웠던 프로이트와 같은 스타일로 글을 적었습니다. 그 스타일이 오늘날에는 무엇일까요? 골동품이죠. 지난 시대의 유물요. 저 또한 점차 그와 같이 여겨질까 두렵습니다.

저는 그렇게 생각하지 않습니다. 저는 그 반대라고 생각합니다. 가능한 최선의 세계에 살고 있지 않다고 생각하는 젊은이들은 선생님을 증인으로 소환했습니다. 세계화의 반대자를, 점령 운동의 구성원을, 언제나 카지노 자

본주의, 터보 자본주의, 또는 금융자본주의des Kasino-, Turbo- und Finanzkapitalismus의 현상황을 그대로 받아들이지 않으려는 이를 말입니다.

저는 오늘날에 속해 있는 사람이 아닙니다. 노르베르트 엘리아스는 그가 살았던 시대에 대해 쓰려는 시도는 전혀 하지 않았습니다. 그가 서술하는 대상은 제2차 세계대전에서 끝이 납니다. 하지만 저는 제가 속해 있지 않은 세대를 이해하고 연구하려는 시도를 합니다. 저는 그 세대에 속한 이들이 어떤 느낌을 받고 있는지, 무얼 하고 있는지 알고 싶습니다. 제가 제대로 하고 있는지 판단하는 일은 저에게 달려있지 않습니다.

선생님께서 하고 계시는 방식의 사회학을 따르는 사람이 있을 겁니다. 선생님의 사고 방식에 영감을 받은 학자라면 말입니다. 많은 사람이 선생님의 탐구법이 무엇인지 어렴풋이 알아챕니다. 그러나 공식화하지는 못하죠.

이를 유용하다고 여기는 사람이 몇 있습니다. 다른 사람은 제가 하는 것이 사회학과는 전혀 관계없다고 생각하죠.

그게 상아탑이죠. 스스로를 다른 사람이 이해할 수 있게 설명하지 못하기 때문에 끼리끼리 지내기를 원하는 식자들입니다.

비판자들이 저를 무엇으로 여기고 무엇이라 부르든 상관없습니다. 제가 누군가에게 무언가를 말하고 있는지, 저의 말이 그의 감정을 다루고 그의 필요에 대응하고 있는지, 아니면 아예 쓸모없는 것인지가 저에게는 중요합니다. 학문분과 사이의 경계는 관료주의적 요구에 의해 결정됩니다. 행정적 관리가 있죠. 자금은 배분되어야 하고, 학생은 분류되어야 하고, 박사 학위는 수여되어야 한다는 거죠. 그 모든 행정의 부산물은 학문영역의 융합을 막습니다. 무엇보다도 사회학, 그러니까 인간적 삶을 다루는 학문의 경우에는 하나의 손실입니다. 인간은 학문분과의 경계 안에서 살아가지 않습니다. 아침에는 사회학을 하고 점심에는 경제학을 하고 밤에는 정치학을 하는 게 아닙니다. 인간적 경험의 시각에서 볼 때에는 인위적 분할인 거죠.

선생님은 르네상스적 인간이십니다. 흥미로운 모든 것에 흥미를 가지는 보편학자des Universalgelehrten 타입의 사상가이시죠.

아뇨, 아닙니다. 결정적인 차이가 있기 때문입니다. 르네상스의 인간에게는 장점이 있습니다. 세계를 파악할 수 있다는 시각을 언제나 유지했다는 겁니다. 얻을 수 있는 모든 정보를 가공하여 누구나 이해할 수 있게 만드는 능력이 여전히 있었기 때문입니다. 존 스튜어트 밀John Stuart Mill이 그의 『정치경제학 원리Grundsätze der politischen Ökonomie, Principles of Political Economy』를 출간했을 때, 화가 존 러스킨John Ruskin, 생물학자 찰스 다윈Charles Darwin 또는 작가 찰스 디킨스Charles Dickens 같은 사람이 이 책의 서평을 적었습니다. 오늘날에는 생각할 수 없는 일이죠. 경제학에 대한 책입니다! 가능한 모든 직업과 삶의 영역의 사람들은 이에 대한 응답을 의무로 여겼습니다. 이것이 르네상스적 인간의 장점이었죠. 그들은 지식이 몇 배로 늘어나서 전문 분야로 분류되기 전의 시대에 살았습니다. 우리는 이러한 시대로부터 멀리 떨어져 있습니다. 기자님께서도 아시겠지만, 비트 수로 치면 르네상스적 인간이 평생 동안 받아들인 것보다 뉴욕 타임즈 일요판이 담고 있는 정보가 더 많습니다. 일요판 딱 한 부 말입니다.

하지만 선생님께서는 르네상스적 인간과 같은 호기심을 가지고 계십니다.

저는 젊었을 적에 우리는 해야 하는 것을 하기에는 아는 것이 너무 적다고 믿었습니다. 저는 더 많은 연구가, 더 많은 책이, 더 많은 탐구가 필요하다고, 그리하면 무엇을 해야 할지 알 수 있을 거라고 믿었습니다. 오늘날 제 생각은 정반대입니다. 행동을 위한 합리적인 계획을 완성하는 일의 어려움은 정보의 부족이 아닌 정보의 과잉에 있습니다. 각자가 매일 이런 경험을 합니다. 구글에서 질문에 대한 답을 찾으면 정보에 관한 수백만의 제안을 얻습니다. 그러니 그 누가 그 모든 정보를 세세하게 들여다볼 수 있으리라 생각할 수 있겠습니까? 인생은 그 정도로 길지 않습니다. 우리의 세계는 정보로 터져 나가고 있습니다. 이와 동시에 정보가 부족하다는 느낌은 우리의 운명이 됩니다. 이것이 르네상스와의 차이입니다. 인터넷, 페이스북, 링크드인, 텔레비전, 신문 …. 저도, 그 누구도 르네상스적 인간일 수 없습니다. 그러기에는 너무 늦었어요. 르네상스에는 달랐죠. 그놈들은 운이 좋았죠!

그럼 이제 우리는 어떤 사람이 될 수 있나요?

누군가가 내가 하는 일을 유용하다고 여기기를 바랄 수 있죠. 인생에 의미가 있다는 거죠. 저에 관해 말씀드리자면, 저는 살짝 낙담했습니다. 제가 생각해낸 좋은 아이디어가 몇 있습니다만, 세계에 남긴 흔적은 전혀 없죠.

실례지만, 선생님께서 판단하실 부분은 아닌 것 같습니다. 지적 담론은 여전히 활발하고 선생님의 작업에 대해서는 긍정적인 신호가 오고 있습니다. 선생님과 고향이 같은 스타니스와프 렘도 1989년의 전환 이후 선생님께서 묘사하고 계시는 감정을 느꼈습니다. 더 이상 폴란드의 그 누구도 그에게, 세계적으로 명성 있는 작가에게 관심을 가지지 않았습니다. 이후 날

것 그대로의 자본주의가 무엇인지 깨닫게 되자 모두가 그를 향해, 크라쿠프의 현자를 향해 몰려갔습니다. 선생님께 그의 작품이 친숙한가요?

저는 렘의 전집을 폴란드어판으로 가지고 있습니다. 렘은 참으로 심원한 학자와 엄청나게 심원한 철학자의 둘도 없는 조합입니다. 이런 경우는 흔하지 않습니다. 뿐만 아니라 그는 매우 훌륭한 문필가였습니다.

환상적인 유머감각까지 갖추고 있었죠.

비할 데가 없죠. 그와 비교할 수 있는 유일한 사람은 움베르트 에코 Umberto Eco입니다. 그는 다양한 재능의 유사한 조합이죠.

렘이 한번은 이렇게 말했습니다. 움베르토 에코는 소설 『장미의 이름Der Name der Rose, Il Nome della Rosa』을 적기 위해 중세에 대한 백과사전에 의지할 수 있었지만, 렘은 미래소설Zukunftsromane을 적기 위해 스스로 아예 새로운 백과사전을 만들어야 했다고 말입니다. 물론 잘난 체하며 조금 부풀리기는 했을 겁니다. 그는 자신의 천재성을 스리슬쩍 뽐내기 위해 이런 말을 했으니까요. 그는 자신이 어떤 사람이었는지 알고 있었습니다.

움베르토 에코도 그랬습니다. 하이퍼리얼리티Hyperrealität라는 이름으로 사실의 조작Falsifikationen을 정당화했죠. 그는 대단했습니다. 걸어다니는 사전이었죠. 그의 펜촉에서 나온 작은 에세이조차 확고하게 조합된 지식을 무서울 정도로 많이 담고 있습니다.

선생님의 경우에는 어떻습니까?

아뇨. 렘이나 에코와 같은 사람들과 비교하자면 저는 무척 피상적입니다. 저는 크게 기대하지 않습니다. 저는 제가 쓰고 생각한 것에 영향력이 있다고 생각하고 싶습니다.

여전히 연구하고 계시지만 더 이상 가르치지는 않으십니다. 교수 시절이 그립지는 않으신가요?

학생들은 저를 쉬지 못하게 합니다. 지식에 대한 그들의 욕구는 엄청났습니다. 저와 반대되는 의견을 제시하고 저에게 자극을 주었죠. 학생들이 의문을 제기하면 저는 해명합니다. 그리고 학생들은 저의 답변에 만족했죠. 하지만 해명을 하는 동안 저 스스로가 사안을 이해하지 못했다는 사실을 알게 됩니다. 학생들과의 교류는 제 작업의 필수적인 요소입니다. 그들과의 교류가 끊어지면 무언가를 분명하게 표현하고 문제를 분명하게 드러낼 수 없는 상황에 놓이게 됩니다. 저에게는 더 이상 정규 학생이 없습니다. 하지만 저는 여전히 도전을 받고 있습니다. 제 이해의 한계를 마주하는 상황에 놓이게 되죠. 저의 두 번째 부인인 알렉산드라는 상당히 비판적입니다. 그녀의 이런 면이 저에게 도움이 됩니다. 알렉산드라는 바르샤바 대학교의 교수이자 매우 훌륭한 사회학자입니다. 수없이 많은 학생들 전부를 대신하고 있죠.

선생님께서는 여행을 많이 하셨고 여전히 여행을 하십니다. 전세계 모든 곳에 직접 가셨습니다. 러시아, 동유럽, 중국, 독일, 프랑스로 말입니다. 선생님께 여행은 무엇을 의미하나요?

저의 사고는 대화 속에서 이루어집니다. 사고가 사고하게 하는 거죠. 이러한 사고 방식으로 말미암아 자주 여행을 갔던 것일지도 모르겠습니다. 저는 저를 몰아대던 정규 학생이 사라진 이후로 초청 강연을 하기 시작했습니다. 배우고, 말과 침묵에서 피드백을 얻고, 저의 설익은 사고에서 어떤 맛이 나는지 알기 위해서였죠. 저는 강연을 통해 제품을 더 맛있게 만들기 위해 어느 재료가 더 필요한지 알게 되고, 그리하여 제조 과정을 끝낼 수 있게 되죠. 대부분의 경우 저는 강연이라는 모험에서 이전보다 더 준비된 상태로 돌아옵니다. 다음 강연을 위해서죠. 하지만 저는 여러 초청을 고사하고 있습니다. 늙어가는 몸이 항의를 하거든요.

여행의 목적은 무엇입니까? 관광인가요? 아니면 체험인가요?

저는 관광에는 소질이 없습니다. 호기심을 채우기 위해 어딘가로 떠나는 일에도 흥미가 없어요. 이제는 아까운 시간을 공항에서 보낼 필요 없이 지구상의 거의 모든 갤러리를 인터넷으로 방문할 수 있습니다.

5

권력과 정체성

MACHT UND IDENTITÄT

근대: 그 누구도 아니고자 하는,
또는 다른 사람이 되려는 강박으로부터

선생님께 결정적인 영향을 주었던 두 저자는 선생님의 전공 분야인 사회학에 속하는 사람이 아닙니다. 작가 프란츠 카프카Franz Kafka와 심리학자 지그문트 프로이트가 그들이죠. 그들이 현대의 인간의 조건에 대해서, 우리의 삶에 대해서 무엇을 이야기해줄 수 있습니까?

쉽게 답하기는 어렵습니다. 그들이 오늘날의 우리에게 무엇을 가르치는지 어떻게 콕 집어낼 수 있겠습니까? 현대의 사고는 그들과 같은 저자들의 합작품입니다. 일단 보편적으로 수용되고 나면 이념은 죽습니다. 그게 어디서 왔는지 그 누구도 기억하지 않으니까요. 자명한 부류에 속하게 되는 겁니다. 카프카는 절대적으로 혁명적이었습니다. 프로이트 역시 절대적으로 혁명적이었습니다. 그러나 오늘날 우리가 그들에 대해 생각해보면 그들은 정통일 뿐입니다. 이념은 이단으로 생을 시작합니다. 그러다 오늘날에 이르면 정통이 되고 시간이 흐르면 미신으로 생을 마감하죠. 역사 속 모든 이념의 운명입니다. 카프카와 프로이트는 이미 "독사Doxa"로 묶입니다. 보편타당한 의견Meinung인 (고대) 그리스 철학의 의미에서요.

카프카의 어떤 점이 혁명적인가요?

권력과 죄에 대한 그의 분석이죠.『소송Der Prozess』과『성Das Schloss』은 근대의 설립문서입니다. 제가 생각하기에, 권력에 대한 분석에 있어서는 아무도 카프카를 넘어서지 못했습니다.『소송』을 보세요. 누군가 고발을 당합니다. 그는 자신이 고발된 이유를 알고 싶지만 알아내지 못합니다. 그는 자신을 변호하고 싶지만 무엇에 대해 변호해야 하는지 알지 못합니다. 그는 선의로 가득하고 지금의 상황을 설명해줄 모든 기관들을 방문하리라 결심합니다. 그는 법원에 가려는 헛된 시도를 합니다. 하지만 그는 결국 자신의 죄가 어디에 있는지 알지 못한 채 사형당합니다. 그의 죄는 바로 자신이 고발되었다는 데에 있습니다.

법치국가적 형사절차의 기본원리는 무죄추정입니다. 죄가 증명되지 않은 사람은 죄가 없는 것으로 간주됩니다.

카프카는 세상이 그 반대로 돌아간다는 점을 보여줍니다. 죄가 없는 사람은 고발되지 않기 때문에, 고발되는 이는 반드시 죄가 있다는 거죠. 죄인으로 지목되었다는 이유로 이 소설의 주인공인 요제프 K.는 범죄자가 됩니다. 그 스스로 자신의 무죄를 증명해야 합니다. 그러나 이를 위해서는 그가 왜 고발되었는지 알아야 합니다. 그러나 그는 그 이유를 모르고, 그 이유를 그에게 말해주는 사람도 없습니다. 비극적인 상황이죠.

그럼 『성』에서는요?

그 소설의 주인공인 K. 아무개는 저 높은 성 안에 사는 사람들은 합리적인 존재일 것이라고 가정합니다. 그도 그들을 모르고, 그들도 그를 모르는데 말입니다. 모든 것은 불가사의하고 불투명하며 닿을 수 없는 곳에 있습니다. 그는 자신의 직업적 그리고 개인적 실존에 대한 인정을 얻기 위해 투쟁합니다. 그럼에도 K.는 성 안의 공무원들은 합리적으로 행동하리라, 그들에게서 그가 패배한 이유에 관해 들을 수 있으리라 생각합니다. 카프카는 우리에게 K.에 관해 거의 말하지 않습니다. 그러나 이 텍스트에서 그가 교육받은 사람이라는 점을 유추해낼 수 있습니다. 그는 합리적인 인간입니다. 막스 베버Max Weber가 말하듯 목적의 달성을 위해 적합한 수단을 선택하는 인간 말입니다. 다른 이들 또한 합리적일 것이라고 생각하면서요. 그러나 이런 생각은 맞아떨어지지 않고 중대한 착오가 되어버리죠. 성에 거주하는 사람들의 권력은 그들의 비합리적 행동에서 비롯되기 때문입니다. 그들이 합리적으로 행동한다면 그들과 협상하거나, 그들을 설득하거나, 그들과 맞서 싸울 수 있게 됩니다. 어쩌면 그들을 이길 수도 있고요. 그러나 그들이 비합리적인 존재라면, 그들의 권력이 비합리성에 기인한다면, 이런 일을 해내는 것은 불가능합니다.

토지 측량사 K.는 성 근처에도 갈 수 없습니다. 그는 성으로 가야 하지만 성으로 가는 길이 없죠. 전화선은 고장이 났고요. 성 안에 있는 주인들은 전능한 신과 같습니다. 성경이 말하듯 그들의 뜻은 수수께끼 같습니다.

정치철학자이자 나치의 계관법학자였던 카를 슈미트 Carl Schmitt 는 『정치신학Politische Theologie』에서, 그러니까 제가 볼 때 그의 가장 중요한 책에서 주권적인 지배자가 되는 것의 의미를 고찰했습니다. 그의 사고는 대담했습니다. 주권자는 신의 세속화 버전이라는 거죠. 그는 신처럼 해명할 필요도, 정당화할 필요도 없이 결정합니다. 그는 그 어떤 의무도 지지 않습니다. 제가 증명할 수는 없습니다만, 저는 카를 슈미트가 카프카에게서 영감을 받았다고 생각합니다. 슈미트에 비해 문장의 수는 적을지라도, 카프카는 비슷한 것을 말했으니까요.

그런데 테오도어 W. 아도르노Theodor W. Adorno는 카프카에게서 선지자를 보았습니다. 그가 『성』과 『소송』을 통해 나치의 공포, 위계질서 그리고 전체주의적 체제 일반의 권력구조를 문학적으로 선취했다는 거죠.

기자님께서는 성경을 읽으셨나요?

대부분요.

많은 사람들이 읽지 않죠. 욥기를 기억하시나요? 욥기의 메시지는 이런 거죠. 인간적 존재와 나누는 몇 안 되는 대화에서 신은 분명하게 말합니다. 나는 질문한다. 그리고 너는 대답하기 위해 거기 있다. 신은 자신의 행위에 대한 그 어떤 해명도 거부합니다. 신으로 존재함은 인간적 존재에 대한 해명의 의무가 없음을 뜻합니다.

하지만, 왜 하필이면 슈미트 같은 가톨릭 신자가 무솔리니와 히틀러 같은 독재자를 신처럼 받들었는지는 눈여겨볼 만합니다.

카를 슈미트는 역겨운 나치라는 수치스러운 이름으로부터 벗어나 오늘날 지적인 엘리트의 총애를 한몸에 받고 있죠. 창피와 모욕을 당했던, 그리고 과거가 들춰지던 시절이 있었습니다만, 이제는 명성을 되찾았죠.

선생님께 지그문트 프로이트는 어떤 의미인가요?

프로이트는 카프카처럼 우리 사고의 일부가 되었습니다. 말하자면 공공의 자산이 된 거죠. 우리는 무의식과 같은 개념에, '이드', '자아' 그리고 '초자아'에 익숙합니다. 미국의 철학자, 사회학자 그리고 심리학자인 조지 허버트 미드George Herbert Mead는 정체성에 대한 물음에 크게 기여했습니다. 그는 이런 개념을 사용하지 않습니다. 하지만 주격 '나/Ich'와 목적격 '나Me/Mich'를 말할 때 그가 뜻하는 바는 근본적으로 같습니다. 주격 '나'는 나의 사고에서 오는 것이자 참된 나로서 진정한 것입니다. 그러나 나는 둘로 나뉘어 있습니다. 내부의 주격 '나'에 외부의 목적격 '나'가, 나에 대한 주위 사람의 생각이, 나에 대한 그들의 시선이, 참된 나에 대한 그들의 생각이 덧붙여지기 때문입니다. 우리의 삶은 주격 '나'와 목적격 '나'의 평화로운 공존을 위한 하나의 투쟁입니다. 지그문트 프로이트가 이미 했던 이야기를 다르게 이야기하는 거죠.

개인은 다른 개인과의 상호작용을 통해 자신의 정체성을 형성한다고, 더욱 다양한 목적격 '나들Michs'이 있으며 이를 단일한 자아상에 통합하는 것이 주격 '나'의 역할이라고 미드는 말합니다. 현대에서의, '액체근대flüssige Moderne' 또는 '유동하는 근대flüchtige Moderne'에서의 정체성은 이러한 상호작용과 연관이 있습니다. 하지만 훨씬 더 복잡하죠. 우리 각자는 더욱 많은 목적격 '나들'뿐만 아니라, 더욱 많은 주격 '나들Ichs'도 가지고 있습니다. 선생님께서는 그 무엇보다 이 문제에 가장 몰두하셨습니다.

정체성은 오늘날 논의의 대상입니다. 이는 정말이지 액체와 같습니다. 우리는 영원히 주어진, 변하지 않는 정체성을 가지고 태어나지 않습니다. 나아가 우리는 다양한 정체성을 동시에 가지고 있을 수도 있습니다. 기자님께서는 페이스북 상의 대화에서 특정한 정체성을, 다음 대화에서는 또 다른 정체성을 고르실 수 있습니다. 기자님께서는 스스로의 정체성을 언제든지 바꾸실 수 있습니다. 정체성은 유행합니다. '자아'와 '초자아' 또는 주격 '나'와 목적격 '나'는 함께 작용합니다. 이는 우리의 일상적 업무의 일부입니다. 프로이트는 이러한 작용의 이해를 위한 기반을 마련해 두었죠.

선생님께서는 오늘날 만연한 소비주의를 비판하시면서 정체성의 유행상품화라는 주제를 자세히 다루셨습니다. 선생님께서는 소비사회는 우리의 불행을 먹고 살아간다고, 때문에 소비사회는 우리의 행복을 가로막는다고 말씀하고 계십니다.

이런 맥락에서 '불행'이라는 단어는 너무 셉니다. 하지만 마케팅 매니저들은 자신들이 제공하는 제품을 통해 우리를 만족시킨다고 주장합니다. 그 말이 맞다면 우리의 소비경제는 없을 겁니다. 욕구가 정말로 충족되었다면 하나의 제품을 다음의 제품으로 대체할 이유가 없을 겁니다.

68년 좌익은 이 현상을 "소비테러"라고 부릅니다. 소비와 소비주의의 차이는 무엇인가요?

소비는 개별 인간의 특징입니다. 소비주의는 사회의 속성이고요. 소비주의 사회는 개인들에게서 각자가 바라고 욕망하고 갈망하는 능력을 분리합니다. 물화되어verdinglicht 개개인 바깥의 힘이 된다는 겁니다. 이런 힘에 저항하기는 어렵습니다. 거의 불가능하죠. 모두가 그 힘에 예속되어 있기 때문입니다. 상업적으로 형성된 모든 욕구를 충족시키고자 하는 열망은 사회 전체를 장악하는 중독이 됩니다.

구체적으로 어떤 의미인가요?

이를 이해하기 위해서는 역사를 바라보아야 합니다. 19세기 후반에 많은 수공업자들이 그들의 공방을 잃고 영락했습니다. 새로이 등장한 공장주들이 이러한 현상의 원인이었죠. 하지만 그들은 충분한 노동력을 구하는 일에 애를 먹었습니다. 밥벌이에 문제가 생기지 않는 한 사람들은 공장 규율을 따르려 하지 않았죠. 전통적 수공업자는 근대 시장경제 선구자의 악몽이었습니다. 오늘날 소비경제의 악몽은 구매한 제품에 만족하는 전통적 소비자입니다. 소비주의에 의해 행복은 욕구의 충족보다 욕망의 증대에 더 가까워집니다. 이전의 소비와는 다르죠. 인간은 어떤 대상에서 욕망의 충족을 기대하고, 행복은 그 대상의 신속한 대체를 요구합니다. 만족한 고객은 고객의 만족이 자신의 목표라고 밝히는 소비주의 사회에 가장 큰 위협입니다. 소비주의 사회는 구성원의 불만족이 지속되는 동안만 번영하기 때문입니다. 마케팅 종사자의 지상 과제는 새로운 제품이 아닌 새로운 욕구의 창조입니다. 때문에 최신 상품이자 욕망의 대상이었던 광고 속 제품은 곧 구닥다리라는 조롱을 받으며 우스운 꼴을 하게 됩니다. 다섯 살 난 아이마저 만족을 모르는 소비자로 길러집니다. 일요일이면 부모와 함께 쇼핑을 가죠. 흥미로운, 자극적인 그리고 매혹적인 상품으로 가득한 세계 속에 있는 겁니다. 우리는 무언가를 사서 가지고 있다가 싫증이 나면 내다 버립니다.

상품만이 아니라 소비자 또한 시장의 일부입니다. 선생님 주장처럼 오늘날은 소비자 자신이 상품이 됩니다. 그리하여 우리는 다시금 정체성에 대한 의문을 지니게 됩니다.

다른 사람이 되려는, 시장의 수요에 들어맞는 특성을 가지려는 압박감이 소비주의 문화를 형성합니다. 우리 각자는 마케팅에 골몰해야 합니다. 자기 자신을 상품으로, 고객을 끌어들이는 제품으로 구상해야 하죠. 인간은 소비재일 때에만 소비사회의 온전한 구성원이 될 수 있습니다. 시장에 갓 나온 생활양식을 호객꾼이 선전하면, 우리는 그 생활양식을 따라하면서 자신만의 정체성을 뜯어고치려고 합니다. 역설적이게도 이런 강박이 외부의 압력이 아닌 개인적 자유의 현현으로 여겨지죠.

많은 십 대들이 오늘날 구체적인 직업계획을 세우기보다는 유튜브나 방송으로 유명해지기를 바랍니다. 이런 현상이 무엇을 의미하나요?

유명해지려는 것은 그들에게는 잡지 수천 권의 1면에 오르고 수백만 개의 화면에 등장하는 것을 의미합니다. 사람들의 입에 오르내리고 알려지며 욕망의 대상이 되는 것이죠. 그들 스스로가 열망하는 가방과 신발 또는 잡동사니처럼요. 관심과 명예 그리고 부의 가장 큰 부분을 얻기 위한 경쟁에서 높은 기회를 얻기 위해 그들 자신이 열망하는 상품으로 변신하는 겁니다. 이는 오늘날 꿈과 공상의 소재입니다.

프랑스 사회학자 프랑수아 드 싱글리François de Singly는 오늘날에는 정체성에 더 이상 뿌리가 없다고 말합니다. 대신에 그는 닻의 은유를 사용합니다. 고유한 뿌리와 작별하는 것과 달리 사회적 개입으로부터의 해방되는 경우에는 닻을 올리는 일이 비가역적이거나 최종적이지 않습니다. 여기서 어떤 부분이 마음에 들지 않으십니까?

과거의 자신이기를 그만두는 사람만이 다른 사람이 될 수 있습니다. 그는 지난날의 자신을 끊임없이 부정해야 합니다. 그가 볼 때 지난날의 자신은 끊임없이 등장하는 새로운 가능성 앞에서 금세 촌스럽고 갑갑하고 불만족스러운 것이 되어버립니다.

변화할 수 있다는 것에는 뭔가 해방적인 면이 있지 않나요? 신대륙에는 과거로부터 이어져오는 하나의 주술Mantra이 있습니다. 너 자신을 새로이 창조하라!

난처한 상황에서 도망쳐 버리는 건 새로운 전략은 확실히 아닙니다. 인간은 언제나 그런 시도를 했습니다. 물론 카탈로그에서 새로운 자아를 구입함으로써 자기 자신으로부터 벗어나려는 바람은 새로운 것입니다. 새로운 삶을 향해 자신감 넘치게 발돋움할 수도 있겠죠. 하지만 그런 발돋움도 이내 강박적 습관이 되어버립니다. "너는 다른 사람이 될 수 있어"라는 해방의 언어는 "너는 다른 사람이 되어야 해"라는 강압이 되어버립니다. 이런 강압은 동경하던 자유와 거의 무관합니다. 그리고 많은 인간들이 바로 이런 이유로 이에 반기를 들고 있죠.

그럼 자유로워진다는 것은 무엇을 의미하는가요?

자유롭다는 것은 자신만의 바람과 목표를 추구할 수 있는 것을 의미합니다. 유동하는 근대의 소비지향적 생활방식은 이런 자유를 약속하지만 그런 약속을 지키지는 않죠.

그리하여 우리는 지그문트 프로이트로 돌아가게 됩니다. 그는 『문명 속의 불만Das Unbehagen in der Kultur』에서 자유와 안전의 관계를 주제로 삼았습니다. 프로이트에게 이러한 관계는 문명과 본능충동Triebregungen의 대립입니다. 하나에 만족하려면 다른 하나를 포기해야 합니다. 문화는 충동의 포기Triebverzicht라는 겁니다.

프로이트는 여러 질문에 대해 일상적 작업을 수행하면서 제게 영감을 주었습니다. 그는 문명Zivilisation을 가치의 물물교환으로 정의했습니다. 기자님께 중요한 두 가지의 가치가 있습니다. 불행히도 기자님께서는 둘 모두를 원하시죠. 하지만 둘 모두를 얻으실 수는 없습니다. 어느 하나를 얻는 만큼 다른 하나는 잃게 됩니다. 우리는 문명이 제공하는 더욱 확실한 안전에 개인적 자유의 상당 부분을 바쳤고, 이로 인해 이 시대의 가장 큰 정신적 질병이 생겨났다는 것입니다. 이것이 1929년에 프로이트가 쓴 글의 내용입니다. 자연력, 이전에는 치료할 수 없었던 질병, 칼을 들고 돌아다니는 폭력적인 이웃, 무엇보다 우리 자신의 타락한 본능으로부터의, 그러니까 가능한 모든 위험으로부터의 안전이죠. 캐나다 사회학자 어빙 고프먼Erving Goffman이 말했듯이, 우리의 행동방식을 그리고 본능의 유혹을 물리칠 수 있는 능력을 볼 때 우리는 문명화되어 있습니다. 우리는 그저 마음에 들지 않는다는 이유로 사람들을 공격하지 않습니다. 우리는 스스로의 복수욕에 굴복하지 않고 문명화된 무관심을 전시합니다. 이는 일종의 태도입니다. 철저한 무관심을 통해 자신은 공격적이지 않으며 변함없이 관용적일 것이라는 신호를 보내는 거죠. 무관심은 문명의 소득 중 하나입니다.

고프먼은 "정중한 무관심höflichen Gleichgültigkeit"에 대해 말합니다. 리처드 세넷Richard Sennett에게 예의Zivilisiertheit란 "자신에 의하여 부담을 느끼지 않도록 타인을 보호하는 것"입니다. 물론 '셀카Selfie'의 시대에 예의라는 미덕은 사라져버렸죠. 프로이트와 달리 선생님께서는 우리에게 자유가 부족하다는 염려는 하지 않으십니다. 무엇보다 세기말 빈Wien과 비교할 때 성적 욕구의 충족에 대한 제한이 줄어들기도 했습니다.

지그문트 프로이트가 지금 제 자리에 앉게 된다고 해도 그는 문명은 물물교환이라는 이야기를 반복했을 겁니다. 그러나 그도 자신의 진단을 반대로 뒤집을 것이라고 저는 생각합니다. 이렇게 말하겠죠, 무방비로 놓인 자유의 영역을 위하여 우리 안전의 너무도 많은 부분을 포기하였기 때문에 현대의 정신적인 질병이 생겨났다고요. 저에게는 바로 이 부분이 중요합니다. 프로이트가 영감을 안겨주지 않았다면 저는 제 작업을 구상할 수 없었을 겁니다. 제가 하는 일은 기껏해야 그가 발견한 것의 업데이트 작업일 뿐이죠.

우리는 자유를 누리기 위해 어떤 안전을 희생했나요?

우리에게는 우리가 풀지 못한 문제를 해결할 의무가 있습니다. 저는 작고한 사회학자 울리히 벡Ulrich Beck을 꾸준히 인용하고 있습니다. 그는 오늘날의 개인이 자신만의 재능과 자신만의 풍부한 아이디어로 사회적으로 발생한 문제의 개인적인 해법을 찾아야 한다고 말했습니다. 이전과 달리 이런 문제는 더 이상 파리, 베를린 또는 바르샤바와 같은 일정한 지역에 국한되지 않고 전 지구적 차원으로 넘어갑니다. 도움을 청할 만한 곳이 없는 거죠. 스페인 사회학자 마누엘 카스텔Manuel Castells이 말했듯이, 우리는 "흐름의 공간Raum der Ströme"에 살고 있습니다. 모든 것은 흘러갑니다. 문제는 움직이고 지역의 바깥에서 일어나고 지역적 규정과 법률로 통제할 수 없습니다. 경영자는 통제당하고 있다는 느낌을 받을 때 언제든 다른 곳으로 떠날 수 있습니다. 아니면 가지고 있는 자본을 어딘가로 옮겨버릴 수도 있고요.

피고용자에게는 해당 사항이 거의 없습니다. 이동하는 일이 그 정도로 쉽지가 않으니까요. 세계화에 반대하는 시위가 일어나는 건 이 때문이죠.

대부분의 국가에서 강력한 국가에 대한 요구가 커지는 것은 이러한 이유에서입니다. 사람들은 제한 없는 자유에 넌더리를 냅니다. 그런 자유에는 위험이 결부되어 있기 때문입니다. 위험 없는 자유는 없습니다. 우리는 법적인 개인이고, 우리의 경계는 사회의 사유화와 개별화 정도에 의해 정해집니다. 우리는 그 경계 내에서 의무를 부여 받고, 그 의무에서 벗어날 수 없습니다. 한편으로 이는 축복이죠. 우리는 우리 자신에게 봉사할 수 있고, 우리가 누구인지 스스로 결정할 수 있습니다. 그러나 우리는 끊임없이 좌절하고 자꾸만 부족하다는 느낌을 받습니다. 그리고 이런 경험은 자꾸만 이어지죠. 개인은 이런 상실을 경험하면서 고아가 되어버립니다.

선생님께서 젊으실 적에는 어땠습니까?

제가 젊을 적에는 비순응자가 되는 건 악몽과도 같은 일이었습니다. 목표에서 벗어나면 안 되었죠. 오늘날에는 과제의 규모에 맞추어 성장하지 못하는 것이 악몽과 같은 일이 되었죠. 사람들은 지쳤어요. 그리고 어디서 왔는지 알 수 없는 새로운 정당이, 새로운 사회 운동이 커다란 약속을 하고 있습니다. 유럽 거의 모든 곳이 이렇죠. 70년대 사람들은 강력한 인물이 등장하여 그들이 풀지 못했던 모든 문제를 해결해주기를 바랐습니다. 지금도 당시와 비슷합니다. 그런 역할을 맡고자 했던 후보자들이 국민에게 제시했던 계획은 단순했습니다. "나를 믿고 힘을 달라. 무슨 일이든 내가 다 해내겠다." 이런 류의 정치인은 자신이 전지전능하다고 말합니다. 미국의 도널드 트럼프처럼요.

모든 것을 바로잡는, 손을 잡아 어두운 수풀 밖으로 안전하게 이끄는 아버지를 향한 부름이네요.

이 주제에 관해 두 가지 일화를 말씀드리고 싶습니다. 첫 번째는 알렉산드르 솔제니친Alexander Solschenizyn의 소설 『암 병동Раковый Корпус』에 나옵니다. 거기 흥미로운 인물이 하나 등장합니다. 공산당 간부인데요, 제목에 나오는 암 병동에 누워서 죽음에 이를 수도 있는 대수술을 기다리고 있죠. 그래도 그는 운이 좋습니다. 불평불만 없는 사람은 병동 전체에서 그가 유일하죠. 매일 아침 공산당 기관지 프라우다Prawda의 최신판이 그에게 배달됩니다. 언급해도 되는 이름은 무엇인지, 누구에 관한 이야기는 금지되어 있는지 그리고 그날의 화제는 무엇인지 그걸 읽으면서 알게 됩니다. 그는 그 어떤 일에도 책임을 질 필요가 없습니다. 그는 안전하고 근심이 없습니다. 두 번째는 소련 영화 『맹세Der Schwur, клятва』에 나옵니다. 영화론적으로 의미심장한, 그러나 정치적으로는 매우 유독한 영화입니다. 조지아 출신의 탁월한 감독 미하일 치아우레리Micheil Tschiaureli가 찍었죠. 이 영화에는 익명의 러시아 어머니가, 사랑스럽고 사랑이 넘쳐나는 훌륭한 여성이 스탈린에게 와서 말합니다. "보세요,

우리는 이미 수년째 전쟁 중입니다. 사람들은 지쳤어요. 우리들 중 많은 이가 남편을, 아이를, 아버지를 잃었습니다. 스탈린 동지, 전쟁을 끝낼 때입니다." 그리고 스탈린이 말합니다. "예, 어머님, 옳은 말씀이십니다. 전쟁을 끝낼 때입니다." 그리고 그는 전쟁을 끝냅니다. 사회학자는 권력의 메커니즘을, 독재자의 전능을 이토록 간결하게 서술하지 못합니다.

"주님께서 주셨다가 주님께서 가져가시니, 주님의 이름은 찬미받으소서.[1]"
스탈린은 욥기에 나오는 신입니다.

전쟁이 왜 계속되었는지 아십니까? 스탈린은 아직 전쟁을 끝낼 때가 아니라고 생각했기 때문입니다. 그러나 여성들은 그가 전쟁을 끝내기를 바랐습니다. 그리고 그는 전쟁을 끝내죠. 이것이 전쟁의 실체이자 강력한 지도자에 대한 동경입니다. 그러한 동경을 품는 사람은 민주주의에 좌절한 상태입니다. 왜 좌절했을까요? 민주주의가 자유를 의미하기 때문이라고요? 그건 말도 안 되죠. 그게 아니라 민주주의가 약속을, 스스로가 했던 약속을 지키지 않기 때문입니다. 정당은 약속을 하고 권력에 다가섭니다. 그리고 약속을 지키지 않죠. 정당이 부패했기 때문이 아닙니다. 약속을 지킬 능력이 없기 때문이죠.

철학적 사회학자 게오르크 짐멜 Georg Simmel**은 학계의 아웃사이더이면서 어떤 의미에서는 선생님의 스승이기도 합니다. 선생님께서는 그를 비판적인 시각에서 심도 있게 다루셨습니다. 그 역시 선생님처럼 인류학에서 심리학에 이르는 타 학문의 자료를 활용했습니다. 선생님과 마찬가지로 그는 자신의 학문분과를 넘어서 영향력을 발휘합니다.**

---

1   욥 1,21 참조(성경, 한국천주교중앙협의회, 2020)

게오르크 짐멜은 사회학자를 위한 사회학자입니다. 그는 프로이트나 카프카처럼 교양 있는 대중 독자를 위해 글을 쓰는 사람은 아니었습니다. 그는 우리가 실천해야만 하는 사회학이 있다고 생각했고 그런 류의 사회학을 위해 싸웠습니다. 저는 그로부터 사회학의 기법Kunst을 배웠습니다. 저만의 사회학적 스타일은 그의 사회학의, 그가 문제를 다루는 방식의 모방이자 열화된 모조품입니다.

페르디난트 퇴니에스Ferdinand Tönnies, 막스 베버Max Weber, 베르너 좀바르트Werner Sombart와 함께 1909년에 독일사회학회die Deutsche Gesellschaft für Soziologie를 창립했던 짐멜은 많은 사람들에게 절충주의자Eklektiker라는 혹평을 받고 있었습니다.

막스 베버는 사실적 상황과 이러한 상황에 대한 인간의 지각을 구분하지 않았다는 점이 짐멜의 중대한 실수였다고 보았고, 이는 범죄와 다를 바 없다고 비난했죠. 제 생각은 베버와 확실히 다릅니다. 제가 보기에는 짐멜의 이러한 특징이 그의 가장 큰 강점이거든요. 그에게 중요한 건 지각과 현실의 변증법이었습니다.

이러한 문제의식은 칸트적 혁명과 함께 공공의 자산이 되었습니다. 하지만 이로부터 사회학을 위한 성과를 얻어내는 건 새로운 일이었죠.

이는 절대적으로 혁명적이었습니다. 영어에 "경험experience"이라는 명사가 있다면, 독일어에는 "경험Erfahrung"과 "체험Erlebnis"이라는 명사가 있습니다. 독일어 명사 "경험"과 "체험"은 영어 명사 "경험"으로 동일하게 번역되죠. 독일어 명사 "경험"과 "체험"은 영어 명사 "경험"의 두 측면입니다. 하지만 각각의 측면은 확연히 구분됩니다. 독일어 명사 "경험"은 나에게 일어난 일입니다. 독일어 명사 "체험"은 내 안에서 일어난 일입니다. 내가 느끼는 것, 내가 겪는 것, 사건에서 비롯되는 감정이죠. 저의 모든 사회학은 "경험"과 "체험" 사이의 공간에서 움직입니다. 저로서는 영어권 독자에게 이런 걸 설명하는 일이 힘들었어요. 영어에는 이에 대응되는 단어가 하나밖에 없으니까요. 독일인은 제 말을 한 문장으로 이해합니다. 근데 이걸 영어권 독자들에게 설명하려면 한 페이지를 다 써야 하죠.

카프카, 프로이트 그리고 짐멜 외에 어떤 저자를 더 인용하고 싶으십니까? 선생님께 특별한 영향을 끼친 사람 중에서요.

그 외에 더 많은 사람이 자신만의 스타일과 자신만의 특색으로 저의 사고에 도움을 주었습니다. 이미 언급했지만, 제가 안토니오 그람시에게 얼마나 많은 빚을 지고 있는지 충분히 강조하지 못했습니다. 그람시 덕분에 저는 마르크스주의에서 명예롭게 퇴장할 수 있었습니다. 그를 거치지 않았다면 안티 마르크스주의의 길로 빠지지 않으면서 정통 마르크스주의의 길에서 벗어날 수는 없었을 겁니다. 제 친구 레셰크 코와코프스키는 그러지 못했죠. 안티 마르크스주의자가 되지 않고서는 마르크스주의와 작별할 수 없었던 겁니다. 알 수는 없습니다만, 그 양반은 아마 그람시를 읽지 않았을 겁니다. 안토니오 그람시는 재치와 인간미로 손꼽히는 사람입니다. 제가 아는 철학자 중에서는요.

현대 사상가는요?

그 중에서도 민족학적 구조주의의 창시자로 여겨지는 클로드 레비스트로스Claude Lévy-Strauss가 저에게는 각별합니다. 한때는 레비스트로스에게 완전히 사로잡혀 있었어요. 그때가 1960년대 후반이었죠. 그로부터 무엇을 얻었을까요? 이제 저는 상당한 절충주의자입니다. 무엇이든 흥분을 불러일으키는 것을, 그러면서 제 사고에도 들어맞는 것을 찾게 되면 어디서든 제 것으로 만듭니다. 하지만 사상가 자체를 그대로 받아들여야 한다고 느끼지는 않아요. 레비스트로스는 문화가 하나의 신체라는 관념을 제 머릿속에서 지워줬습니다. 그는 문화들에 대해, 그리고 그것의 차이에 대해 고찰하는 대신 보편적인 접근방식에 대해 말했습니다. 그는 문화라는 단어를 사용하지 않고 구조라는 단어를 사용했죠. 그는 구조주의자로서 역사에 길이 남았습니다. 하지만 사실 그는 구조라는, 주어진 조직이라는, 사물의 배열이라는 관념을 포기했습니다. 그는 구조부여 Strukturieren의 보편성을 주장했습니다. 구조는 그에게 활동Aktivität입니다. 신체가 아닌, 어떤 의미에서는 불안정하고 끊임없는 활동이죠. 최종적인 행위는 없습니다. 구조는 멈춰 있는 것, 돌처럼 굳어 있는 것, 움직이지 않는 것이 아닙니다. 저는 정확히 이와 같은 방식으로 현실을, 사회적 실재를, 그리고 그것의 역동을 서술하고자 합니다. 문화는 끊임없는 역동적 과정으로 제 연구의 중심에 서 있습니다.

그람시도 레비스트로스와 그런 시각을 공유하고 있었습니다.

그래서 저는 카프카, 프로이트 그리고 짐멜에 안토니오 그람시와 클로드 레비스트로스까지 더해 넣고 싶습니다. 하지만 학교와 학계 바깥에 있었던 상당수의 사람에게도 많이 빚지고 있습니다. 그 누구보다 문필가, 소설가에게요. 밀란 쿤데라Milan Kundera는 소설이 근대 문명의 가장 큰 소득이라고 말했습니다. 소설의 발명은 전기와 역사Geschichte를 일치시켰죠. 전기와 역사의 자율성은 부분적입니다. 각각은 고유한 논리적 패턴에 의해 결정되지만 서로 무관하게 존재할 수는 없기 때문입니다. 개개인의 역사에 관해서 말하자면, 역사 없이 전기를 생각할 수 없고 전기 없이 역사를 생각할 수 없습니다. 사회학은 전기와 역사 중 어느 것도 가벼이 여겨서는 안 됩니다. 그런 일은 없었으면 합니다만, 그렇게 하는 사람은 "경험 Erfahrung"의 사회학이나 "체험Erlebnisses"의 심리학 중에서 하나만을 선택하는 거죠. 사회학의 핵심은 상호작용과 역동을 보여주기 위해 둘을 일치시키는 것입니다.

선생님께서는 좁은 의미에서의 정치는 아니라 할지라도 정치적인 참여를 이어가고 계십니다. 선생님께서는 사회과학자로서 사회의 분석으로 만족하지 않으시고 대안 또한 제시하고자 하십니다. 선생님께는 바로 이 지점에 사회학 전체의 의의가 놓여 있습니다.

옳은 말씀이십니다. 보세요, 저는 납득하기 어려울 정도로 오래 살았습니다. 결과적으로 사회학의 다양한 흐름을 체험하게 되었죠. 제가 처음으로 사회학을 시작했을 때 미국 사회학자 탤컷 파슨스 Talcott Parsons는 독재자처럼 군림하고 있었습니다. 그는 사회학이 무엇을 다루는 학문인지 말하고 있었죠. 일종의 자유보수주의적 유토피아의 이념은 그의 가장 중요한 업적으로 꼽히죠. 파슨스는 관리에 기여하고, 관리자를 떠받들고, 관리자를 돕고, 관리자의 문제를 해결하고 개선하는 것이 사회학자의 역할이라고 보았습니다. 노동자의 파업을 막는 방법을, 병사의 탈영과 게릴라 부대의 테러 공격을 저지하는 방법을 찾는 거죠. 우리 사회학자는 소란꾼을 가로막아 체계System의 균형을 다시 바로잡아야 한다는 것이 그의 생각이었습니다.

지배자를 섬기는 사회학이네요.

영국의 매우 뛰어난 사회학자인 마이클 부라보이Michael Burawoy 는 사회학이 공공의 영역öffentliche Arena과 접점을 잃었다고 말하면서 경종을 울립니다. 프랑스 철학자들이 참여했던 부류의 공론장 Öffentlichkeit에 대해서요. 부라보이의 진단이 있었던 90년대 이후 사회적으로 생산된 문제의 사유화와 개별화가 일어났습니다. 이러한 현상은 영국 사회학자 앤서니 기든스Anthony Giddens가 말했던 "생활정치life politics"로 귀결됩니다. "생활정치"의 영역은 기자님과 저를 비롯한 모든 사람이 입법부인 동시에 행정부 그리고 사법부인 곳에서 생겨납니다. 우리는 우리 스스로, 그러니까 우리 자신의 자원과 독창성으로 모든 문제를 해결해야 합니다. 우리가 지금껏 이러한 문제를 스스로 해결한 적이 없었다고 하더라도요.

6

사회와 책임

GESELLSCHAFT
UND
VERANTWORTUNG

근대: 아무도 아니고자 하는, 또는 다른 사람이 되려는 강박으로부터

초기에는 영국 노동운동에 관한 첫 번째 저서를 내셨고 이후에는 후기 근대적 윤리 문제에 천착하셨습니다. 그동안 초점은 사회적 계급에서 개인으로 옮겨졌습니다. 마지막에는 선생님의 시선이 사회 안에 있는 인간의 자리보다 사회와 무관한 인간의 행위에 더 가까워질 것 같습니다.

계급에서 개인으로 초점을 옮겼죠. 이건 단순한 관점의 이동이 아닙니다. 오늘날 계급은 통계의 산물일 뿐 삶에서 나온 것은 아니라고 저는 결론지었습니다. 통계적으로 본다면 원하는 만큼 많은 계급을 내보일 수 있습니다. 인간을 소득, 교육 정도, 삶의 방식 그리고 사회에서 누리는 존경과 명성에 따라, 모든 임의적인 기준에 따라 나눌 수 있죠. 그러나 이건 삶의 현실이 아니라 하나의 배열일 뿐이죠. 우리는 사유화와 개별화의 과정에서 이를 스스로 만들어냅니다. 일찍이 사회적 기능이었던 기능들은 그사이 개인적인 것이 되었습니다. 이와 반대로 막스 베버는 동시대 대부분 사람들처럼 사회가 계층으로 나누어져 있다는 관념을 받아들였기 때문에, 계층이 생활조건의 객관적 유사성을 제시하는 데 가장 중요한 잣대가 되었습니다. 한 배를 타고 있다고 느끼는 사람들은 같은 계급에 속하는 겁니다.

계급개념은 카를 마르크스에게서 비롯되죠. 카를 마르크스는 헤겔적 의미에서 "즉자적 계급Klasse an sich"과 "대자적 계급Klasse für sich"에 관해 말했습니다. "대자적 계급"이 되는 것은 계급의식Klassenbewusstsein의 전개를 의미합니다.

"즉자적 계급"에서 "대자적 계급"으로 올라서기 위해서는 어느 하나의 계급이 정치적 능동성을 얻어야 합니다. 한 배를 타고 있다는 점을, 운명을 공유하고 있다는 점을, 그리고 상황의 개선을 위해 투쟁할 수 있다는 점을 파악해야죠. 오늘날 여러 곳의 사정은 이와 다르죠. 노동조합은 힘을 잃었고 파업을 비롯하여 협상에서 유리한 지위를 얻기 위한 수단을 더 이상 사용할 수 없죠.

이는 어떤 결과를 초래할까요?

노동조합의 권력상실은 집단적 자기보호를 유명무실하게 만듭니다. 불운과 개인적 실패에 대비하는 국가적 보장제도가 축소되고, 이에 의해 연대의 사회적 기반은 더욱 약화되었습니다. 이제 자신이 초래하지 않은 문제에 대해 해결책을 찾는 일은 개인의 문제이고, 개인은 완전히 혼자입니다. 이런 과제에 필요할 법한 보조수단이나 자원도 개인에게는 없습니다. 직장을 끊임없이 바꿔야 하는 오늘날 같은 때에 어떻게 연대를 실천할 수 있겠습니까?

어쩌다 이런 일이 벌어진 걸까요?

50, 60년 전의 포드 공장은 자본과 노동 사이의 관계의 고전적인 모델이었습니다. 포드 공장의 가장 중요한 특징은 공장주와 노동자의 상호적인 종속이었습니다. 자동차 도시 디트로이트Detroit의 노동자는 디어본Dearborn에 위치한 헨리 포드의 공장에서 생활비를 벌었고, 그에게 종속되어 있었죠. 포드가 없으면 그들은 무일푼이었습니다. 그러나 포드도 그들에게 똑같이 종속되어 있었습니다. 노동자 없이는 아무것도 돌아가지 않았어요. 노동자들은 그가 부와 권력을 얻을 수 있게 도와주었습니다. 이에 관해 말하지 않았음에도, 그들의 감정을 표현하지 않았음에도, 포드와 노동자 양측은 그들이 함께 갈 운명이라는 것을, 그것도 길고 긴 세월동안 그래야 한다는 것을 정확히 알고 있었습니다. 내일도, 다음 달에도, 이처럼 다가올 이십 년 내내 서로를 다시 마주할 거라는 사실을 그들은 알

고 있었습니다. 피아트나 푸조에서 수습 기간을 보내는 청년은 사십 년이나 오십 년 후에 이 직장에서 은퇴할 것이며 어쩌면 성실한 근무에 대한 감사의 의미로 금시계를 받을 수도 있겠다고 확신할 수 있었습니다.

오늘날 노동자나 피고용인은 이런 걸 더 이상 기대할 수 없습니다.

큰 회사가 작은 회사를 삼켜버릴 수도 있고, 2달러 일당으로 만족하고 파업을 안 하는 노동자들이 있는 나라로 경영인이 자본을 옮길 수도 있습니다. 누구든 이 점을 감안해야 합니다. 자본가와 노동자 사이의 구두 계약은 일방적으로 파기됩니다. 경영인은 원하는 곳으로 갈 수 있고 원하는 일을 할 수 있죠. 하지만 노동자와 피고용인은 여전히 근무지에 구속되어 있습니다. 중세인의 표현을 빌리자면, 그들은 경작지에 매여 있는 "농노Glebae adscripti"입니다.

하지만 해외로 이주하는 피고용인도 있습니다. 경제난민 Wirtschaftsflücht-linge**이라는 이름이 붙죠.**

실제로도 이민을 갈 수 있습니다. 그렇지만 어떤 대가를 치르게 되나요? 그들은 '불법이민 브로커'에게 터무니없는 금액을 지불해야 합니다. 브로커는 지중해를 넘어서는 위험한 여정에 시동을 걸어주죠. 이후 그들은 국경에서 멈춰 세워집니다. 그리고 수용소에 처박히거나 집으로 보내지죠. 직업을 구하는, 돈을 벌고 아이들이 더 좋은 학교에 가기를 바라는 가난한 사람은 그들의 노동력을 구매하는 경영인에게 여전히 종속되어 있습니다. 그러나 경영인은 그들에게 더 이상 종속되어 있지 않죠. 경영인들은 이윤을 극대화할 수 있는 조건이 있는 곳으로 갑니다. 결과는 뚜렷하게 보이죠. 지금까지도 이따금씩 파업을 하는 사람은 공무원이 유일합니다. 안정적인 직장을 가지고 있고 종신 계약을 체결했으니까요. 그들은 해고 당하지 않을 것이라고 확신할 수 있습니다. 그러나 먼 나라의 노동 시장에는 어떠한 규제도 없습니다. 그 누구도 파업을 감행할 수 없습니다. 경영인이 합의안을 찾기 위해 협상 테이블에 앉을 일은 없을 테니까요.

사실상 연대가 필요 없는 사람만이 연대할 수 있다는 것은 어떤 의미인가요.

프롤레타리아트는 더 이상 마르크스 시대와 같이 "대자적 계급"이 아닙니다. 이제는 각자가 자기 자신을 책임지기 때문입니다. 연대하고 공장 직원 사이의 공동체 의식을 키우는 대신 정반대의 행동을 하죠. 모든 동료는 잠재적 경쟁자입니다. 모두가 모두를 의심합니다. 그리고 모두가 바라죠. 또 다른 합리화가, 또 다른 축소와 외주가 시작되면, 그 대상은 자신이 아닌 다른 사람이 되기를, 그가 아닌 다른 사람이 쓸모없어지기를 말입니다. 이것이 다른 사람과 손을 잡을 때 그 무엇도 얻을 수 없는 오늘날 공장 노동자의 관심입니다. 이처럼 모든 사람이 다른 사람의 잠재적인 적이 됩니다. 그리고 이런 계급을 "즉자적인" 것에서 "대자적인" 것으로 끌어올릴 기회는 거의 없습니다. 이와 반대로 고체근대 시절 포드 식의 공장은 어떤 제품을 생산하건 연대 또한 만들어냈습니다. 상황의 논리 속에서 강요된 연대였죠. 이와 달리 오늘날의 공장은 어떤 제품을 생산하건 경쟁을 만들어내죠.

한때 안정적이었던 중산층도 이제는 몰락을 두려워합니다. 수많은 사람들과 마찬가지로 자신도 갑작스러운 실직의 위험 앞에서 홀로 싸우게 될 수도 있겠다고 생각하는 거죠.

불평등이 심화되고 있다는 것은 이제 이론의 여지가 없는 사실입니다. 어느 학파에 속하든, 어느 기준을 적용하든, 경제학자들의 결론은 눈에 띄게 일치합니다. 경제 성장에 의해 증가된 가치는 세기 전환 이후 거의 전적으로 부자의 주머니로 흘러가고 있습니다. 그들은 인구의 1퍼센트죠. 그보다 적을 수도 있고요. 반면에 나머지 99퍼센트의 소득과 재산은 줄어들거나 줄어들 위험에 처해 있죠. 북반구에 있는 이른바 선진국의 상황은 더 이상 20년대 이후와 같지 않습니다. 이제 중산층도 흔히 말하는 프레카리아트Precariat에 속합니다. 그때그때의 상태가 어떻건, 견고한 기반 없이 늪 위에 서 있는 거죠. 프레카리아트에 속하는 사람은 끊임없는 악몽 속에서 살아갑니다. 자고 일어나면 직장이 사라지는거죠. 갑작스레 예고 없이 일자리를 잃어버릴 수 있습니다. 저의 견해에는 변함이 없습니다. 하지만 상황이 변했죠. 제가 계급에서 개인으로 초점을 옮겼던 건 이런 이유에서입니다.

계급투쟁을 과거의 일로 여긴다고 하더라도 어떤 사안에 대한 지지나 반대를 하는 정치적 참여는 줄어들지 않았습니다.

사람들은 생태학적인, 윤리적인 또는 종교적인 문제에서 어떤 입장에든 설 수 있습니다. 지역적인 것이 부활합니다. 국가 보조금을 위해 싸우는 사람이 있는가 하면, 다른 목표를 위해 싸우는 사람도 있습니다. 그리고 그들은 서로 경쟁하죠. 모든 종류의 대립과 갈등이 존재합니다. 하지만 그 중의 그 무엇도 계급이라는 개념을 통해 파악할 수는 없습니다. 계급투쟁을 상기시키는 것은 가난한 사람과 부유한 사람 사이의 싸움입니다. 저의 신간『레트로토피아』는 이런 내용을, 그러니까 벤저민 디즈레일리Benjamin Disraeli가 1845년에 출간된 자신의 소설『시빌 또는 두 개의 나라Sybil, or the Two Nations』에서 말했던 "두 개의 나라"를 다룹니다. 그 소설에는 급진적 노동자인 월터 제럴드라는 인물이 등장합니다. 그는 다른 행성에 살고 있는 것처럼, 서로 어떠한 교류도 하지 않고 서로에 대한 공감도 전혀 없는, 상대방의 습속과 사고 그리고 감정에 대한 지식도 거의 없는, 한 국가의 "두 나라"에 대해 이야기합니다. 책에서 말하길, 그들의 교육 방식과 양육 방식, 그들이 따라야 하는 관습과 법률이 다르다고 합니다. 그리고 그들은 부유한 사람들과 가난한 사람들을 의미한다는 언급이 이어집니다. 오늘날 우리의 상황에 딱 들어맞는 모습이죠. 170년보다 더 오랜 세월이 흘렀음에도 말입니다. 가난한 사람과 부유한 사람 사이의 투쟁을 사회적인 개념으로 표현할 수 있습니다. 그럼에도 계급이 형성되지 않는 건 가난한 사람과 부유한 사람 사이에서도 마찬가지입니다. 혁명 역시 널리 퍼져 있는 견해와는 달리 가난 속에 살아가는 사람에 의해서는 일어날 수 없습니다. 가난한 사람은 일개 보병일 뿐입니다. 그들을 하나의 깃발 아래로, 계급의 깃발 아래로 묶고자 하는 이념은 지식인에게서, 생각할 거를이 있는 교양인에게서 나옵니다. 그러나 오늘날은 이념을 제시할 지식인도, 제안을 받아들일 보병도 없습니다. 저의 초점 이동에 관해 질문하셨죠. 이것이 기자님의 질문에 대한 대답입니다. 사회적 현실이 변했다고 생각합니다.

적어도 서구 산업국가에서는 가난에 맞선 싸움이 승리로 끝난 듯합니다. 그리고 승리를 거둔 지 아직은 얼마 지나지 않았습니다.

디즈레일리의 분석 이후 가난을 척결하려는 노력이 시작되었습니다. 그리고 전쟁 이후 수십 년 동안은 "국가의 분열"이 곧 끝날 것이라는 믿음이 있었습니다. 가난에서 벗어나기 위한 처방으로 적정한 임금의 노동이 제시되었습니다. 그리고 국가 재정을 통한 완전고용의 보장은 정권의 과제로 여겨졌습니다. 경제 스스로는 이런 일을 하지 않으니까요. 정치적 무기는 "가난에 대한 전쟁"을 이끌었고, 국가는 전쟁에 대한 신념을 퍼트렸습니다.

이제는 그런 일이 거의 불가능합니다. 무엇보다 선생님 말씀처럼 권력과 정치가 붕괴되었기 때문입니다. 어쩌다 이런 일이 벌어진 건가요? 그리고 이는 무엇을 의미하는가요?

제가 대학에서 공부할 적에는, 그러니까 반 세기도 더 전에는 국민국가가 여전히 최고의 기관이었습니다. 국민국가는 자신의 영역에서 주권적이었습니다. 경제적인, 군사적인, 그리고 문화적인, 그러니까 모든 관점에서 말입니다. 오늘날은 더 이상 그렇지 않죠. 권력은 정치로부터 벗어났습니다. 첫 번째로 초국적 기업이 지배하는 세계화된 공간에서, 두 번째로 민주적 조절과 통제가 불가능한 소비 시장에서 이런 현상이 나타납니다. 그리고 세 번째로 전통적 정치 대신 비공식적 방법으로 사회적 문제를 해결하고자 하는 시민에게 이런 현상이 일어나죠. 세 번째가 바로 "생활정치"입니다.

은행과 기업이라는 막강한 존재는 전지구적으로 움직입니다. 하지만 정치인의 영향력은 지역에 머물죠. 적절한 수단이 없을 때 어떻게 해야 권력을 통제할 수 있을까요?

정치와 권력이 다시금 결합할 방법을 찾아내는 것이 이번 세기의 최대 도전입니다. 세계화를 초래하고 심화한 문제들을 지역적으로 해결할 수는 없습니다. 이런 현상은 전지구적 차원에서만 일어날 수 있습니다. 정치가 이에 필요한 권력을 가지는 것이 전제가 되겠죠.

하지만, 선생님께서도 반복하여 말씀하시듯이, 정치는 그런 권력을 가지고

있지 않습니다.

무능한 체제죠. 정치인의 결정은, 그리고 취리히, 부다페스트, 또는 스톡홀름 주민의 결정은 지역 기관의 권한 영역에서만 효력이 있습니다. 이런 기관은 400년 전 지역 공동체의 등가물이죠. 권력은 이미 세계화되었습니다. 그러나 정치는 예전처럼 여전히 지역에 머물고 있죠. 기자님의 미래와 자녀에 대해 결정하는 사람은 기자님과 같은 나라에 살지 않습니다. 무엇보다 인간의 생활 조건과 미래 전망에 가장 큰 영향을 미치는 권력은 오늘날 전지구적으로 움직입니다. 이런 권력은 이전에 언급했던 "흐름의 공간"에서 행동합니다. 그리고 정치적 통일체의 경계와 법률 그리고 이익을 고의적으로 무시하죠. 이와 반대로 정치는 "장소의 공간Raum der Orte"에 머물죠. 정치가 권력을 잃을수록 권력은 정치적인 제한과 통제에서 더욱 벗어납니다. 그런 권력에 손을 댈 수 있는 사람은 없습니다. 다가오는 미래에도 권력에 관해 변하는 건 아무것도 없습니다. 우리는 이런 상황에 구속되어 있습니다. 투쟁하기 위해, 그리고 우리가 초래하지 않은 문제와 씨름하기 위해 개인적이고 비공식적인 자원을 총동원해야 합니다. 우리는 개인들의 사회입니다. 이들 개인은 스스로 결정해야 할 뿐만 아니라 그 결과에 대한 책임도 져야 합니다.

이전에는 더 단순했나요?

저는 유럽의 역사에서 국민이 정치적 진영에 따라 나뉘어 있던 시대에 자랐습니다. 우익과 좌익, 자유주의자와 보수주의자, 그리고 공산주의자와 나치로 말입니다. 그러나 어느 한 지점에서는 모두가 서로 동의했죠. 권력을 가진, 정책을 추진하는, 그리고 효과적인 행위를 위해 필요한 수단과 자원을 자유로이 이용할 수 있는 국가가 있다는 사실을 그들은 알았습니다. 따라서 자신의 의지를 관철하려고 하는 사람에게는 국가의 권력을 어떻게 넘겨받느냐가 유일한 문제였습니다. 20년대와 30년대에 세계 경제 위기의 여파로 고통을 받았던 사람들은 하나의 처방전을 가지고 있었습니다. 지금의 시각에서 옳건 그르건, 그들은 강력한 국가가 문제를 해결할 수 있다고 믿었습니다. 국가사회주의 국가든지 공산주의 국가든지 말입니다. 나치와 공산주의자 같은 전체주의자뿐만 아니라 뉴딜 정책을 추진했던 미국 대통령 프랭클린 델러노 루즈벨트Franklin Delano Roosevelt도, 전쟁 이후 복지국가를 건설하고 실업에 대응하고 가난과 굶주림에 맞서 싸웠던 서구 민주주의 국가도 국가가 전능하다고 믿었습니다. 오늘날은 더 이상 그렇지 않죠. 1929년 경제 위기와 2007년과 2008년의 금융 위기를 비교하면 차이점이 드러나죠. 제가 젊을 때에는 무엇이 행해져야 할지가 논쟁의 대상이었다면, 오늘날에는 누가 이를 행할 수 있을지가 주된 물음입니다.

당시에는 국가, 자본, 그리고 노동이 외적으로 안정적인 삼각형 구조를 이루었습니다.

노동과 자본이 서로에게 종속되어 있었던 시대에는 사회적 파트너 Sozialpartner 사이에서 노동력의 판매와 구매 과정을 용이하게 하는 것이 국가의 기능이었습니다. 국가는 노동력의 상태를 유지하여 노동력이 잠재적인 구매자에게 매력적인 상품으로 남을 수 있게 하는 것을 자신의 임무로 여겼습니다. 이는 교육체계, 건강관리, 주택건축, 그리고 이를 위한 수단에 대한 재정지원을 의미합니다. 이와 같은 과제 배분은 세 당사자 모두에게 이익을 주었습니다. 이런 안배에 대해 그들에게 물어보았다면 이렇게 답했을 겁니다. 민주주의에 대한 처칠의 발언처럼요. '다른 모든 것을 제외한다면, 이것은 최악의 해결책이다.' 국가의 감독과 관리 아래에서 자본과 노동 사이의 휴전 상태는 유지되었습니다. 그러나 이런 휴전 상태는 갑작스러운 종말을 맞습니다. 여러 이유가 제시되었죠. 그러나 자본과 노동 사이의 구두 계약에 대한 일방적인 해지 통보가 주된 이유입니다. 세계화는 이를 촉발했고, 국가 스스로는 이를 지지했습니다. 국가는 자본가의 욕망에서 고삐를 풀어버렸고 그들의 이익을 대변하기 위해 희생자에게 남아 있던 것마저 파괴해버렸죠.

왜 강력한 국가에 대한 믿음이 사라졌을까요?

국가는 70년대에 인기를 잃었습니다. 약속을 지키지 못했으니까요. 복지국가를 고쳐 쓸 수는 없었어요. 자원이 너무 적었거든요. 그리고 국가가 모든 것을 결정하고 그들의 자유를 빼앗아 가는 데에 사람들은 질렸고 아주 신물이 났습니다. 인플레이션은 현기증이 날 정도에 달했고 실업률은 상승했죠. 전쟁 이후의 유럽은 완전고용에 대한 약속을 토대로 하여 건립되었습니다. 이는 정치의 본질이었어요. 우리는 일자리를 필요로 하는 모든 사람에게 일자리를 제공할 수 있어야 한다는 겁니다. 이게 한동안은 엄청 잘 굴러갔습니다. 1945년과 1970년 사이에는 사회적 불평등이 줄어들었습니다. 실업률은 낮았고요. 실업이라는 것이 여전히 존재하기는 했습니다만, 여하튼 구시대의 유물로 여겨졌죠. 전쟁 이후는 상당히 특이한 시기였습니다. 이 시기가 끝나가자 실업률은 상승했고 사회적 불평등은 증대하였습니다. 국가는 더 이상 구세주 역할을 하지 않았습니다. 그래도 당시의 상황은 지금 우리의 상황만큼 비참하지는 않았습니다. 국가에 걸었던 희망은 박살이 나버렸지만 대체할 수 있는 부품이, 대체 이데올로기가 있었습니다. 바로 시장의 이데올로기였죠. 시장의 역량을 믿자, 규제를 없애자, 안정성에서 유연성으로 나아가자, 그리하면 기적이 일어날 것이다, 이런 이야기였죠. 우리의 정치인은 사회적 문제에 대한 해법을 찾아내지 못했지만 시장은 해법을 찾아낼 것이다. 마거릿 대처Margaret Thatcher와 로널드 레이건Ronald Reagan을 기억하십니까? 밀턴 프리드먼Milton Friedman 같은 미국인 경제학자나 키스 조지프Keith Joseph 같은 영국인 정치가가, 그러니까 신자유주의의 오피니언 리더들이 상황을 이끌었습니다. 영국의 사회학자 프랭크 파킨Frank Parkin이나 미국의 경제학자이자 역사학자 로버트 하일브로너Robert Heilbroner 같은 사람들은 닥쳐오는 위험과 갈등에 대해 일찍이 경고했죠. 하지만 아무도 그들의 말에 귀를 기울이지 않았죠. 규제를 없애면, 사유화하면, 모든 것을 시장의 보이지 않는 손에 넘기면 모든 것이 나아질 것이다, 이렇게 생각했죠.

최근의 금융 위기는 이러한 믿음도 완전히 흔들어 놓았죠.

전쟁 이후의 재건과 경제적 성장, 국가의 그늘 아래 이루어졌던 실업의 퇴치, 이 모든 것은 30년 동안은, 즉 40년대에서 60년대까지는 아주 원활하게 진행되었습니다. 그리고 신자유주의적인 새로운 시장질서도 30년 동안은 아주 원활하게 제 역할을 수행했습니다. 우체부는 우편함에 새로운 신용카드 카탈로그를 매일같이 던져 넣었습니다. 덕분에 우리는 수중에도 없는 돈을 쓸 수 있었죠. 우리 모두는 매혹된 상태에서 이를 감사히 받아들였습니다. 그들은 사람들 입으로 신용카드를 쑤셔 넣었죠. 그렇게 잘 흘러갔습니다. 하지만 마법과 같은 해결책에도 한계가 있었습니다. 신용 체계가 무너졌고, 2007년과 2008년에는 은행이 붕괴했죠. 이렇게 우리는 역사 속 두 번째 희망도 잃게 되었습니다. 이건 30년대 그리고 70년대의 위기와는 다릅니다. 이제 우리는 국가도 시장도 믿지 않기 때문이죠. 따라서 저는 안토니오 그람시의 의미에서, 그리고 근대적인 의미에서 이 시대를 인터레그넘Interregnum이라고 부릅니다. 그람시는 인터레그넘을 오래된 행동 양식이 모두 기능을 잃고 새로운 양식은 아직 생겨나지 않은 시기로 정의했습니다. 오늘날 우리는 이런 상황에 처해 있죠. 국가도 시장도 그들 자신에 의해 발생한 손해를 복구할 수 없습니다. 우리가 아는 것은 그들의 무능뿐입니다. 국가와 시장 모두에 고삐를 채워야 한다는 점은 분명하죠. 하지만 무엇을 고삐로 써야 할지 우리는 알지 못합니다. 통제되지 않은 시장은 위험하고 국가는 무능합니다. 하지만 누가 행동할 것인지, 그리고 무엇이 행해져야 하는지 우리는 알지 못합니다. 이 같은 문제를 다루는 사이 위기는 심화되고, 심화된 위기는 사회주의적 유토피아와 경쟁하는 사회 복지 프로그램에, 나아가 사회주의적 유토피아 그 자체에 사형 선고를 내리고 있죠.

그러나 이와 같은 정체 상태에 대한 저항도 꾸준히 이어지고 있습니다.

남아프리카 공화국의 문필가 J.M. 쿳시J.M. Coetzee는 2008년에 소설 『어느 운 나쁜 해의 일기Tagebuch eines schlimmen Jahres, Diary of a Bad Year』에서 수백만이 "정적주의Quietismus"적인, 전적으로 수동적인 태도를 받아들이고 있다고 말합니다. 그는 이런 태도를 "의도적인 은둔" 또는 "내부로의 망명"이라고 부르죠. 그리고 이로 인하여 "평화로운 노예살이"와 "이에 대한 저항" 사이에서 이루어지는 전통적인 선택은 쓸모가 없어졌다고 말합니다. 저는 엘리트와 그들 이외의 인구 사이의 소통이 완전히 끊어졌기 때문에 이런 경향이 생겨났다고 생각합니다. 한편에는 국가정치가, 다른 한편에는 대중정치가 있습니다. 각각의 담론은 평행선을 달리다가 아주 잠깐 접점을 찾게 되죠. 그때 원한과 분노가 터져 나옵니다. 그리고 꺼져 있던 정치적 참여의 불꽃이 일순간 타오르죠.

세계화 반대론자의, 점령 운동의 시위는 끊임없이 헤드라인에 올라옵니다. 이런 시위는 어떻습니까?

그들은 거리로 나가서 공원이나 공공장소에 몇 주 동안 앉아 있습니다. 그리고 월 스트리트를 점령할 수 있기를 바라죠. 모두가 주목했습니다. 주목하지 않았던 곳은 월 스트리트밖에 없었죠. 월 스트리트는 이전과 똑같이 돌아가고 있습니다. 우리는 될 만한 것을 전혀 찾아내지 못했습니다. 이렇게 보면 제 말이 무척 언짢게 들릴 겁니다. 하지만 우리가 이런 상황에 처해본 적이 없다는 것 또한 분명한 사실이죠. 우리는 역사 속에서 여러 위기를 마주했습니다. 그러나 언제나 이것 또는 저것을 바꾸면 모든 것이 제자리로 돌아올 것이라는 확신이 있었죠. 그러나 지금의 상황에 대해서는 어떤 해결책도 찾을 수가 없습니다. 이 때문에 제 속이 썩고 있죠. 우리는 무엇을 원하지 않는지 알고 있습니다. 그리고 제대로 작동하지 못하는 것으로부터 벗어나고 있죠. 그러나 어디로 달려가야 하는지는 알지 못합니다.

그럼 우리는 어디서 시작할 수 있겠습니까?

미국 사회학자 벤저민 바버Benjamin Barber는 최근에 『시장이 세계를 지배한다If Mayors Ruled the World』이라는 도발적인 제목의 책을 냈습니다. 상당한 자극을 주는 책인데요, 바버의 생각은 단순합니다. 필요한 변화는 국가의 차원에서도, "생활정치"의 차원에서도 일어날 수 없다는 겁니다. 국민국가는 1648년 베스트팔렌 조약에서 시작되어 독립성을 얻기 위한 수단으로 사용되었죠. 그러나 오늘날 우리 모두는 서로에게 종속되어 있고, 주권적 영방국가souveräner

Territorialstaat는 상호 의존적 문제를 다루지 못합니다. "생활 정치"도 이와 다르지 않아요 "생활 정치"는 사회적 문제에 대한 책임을 개인에게 지웁니다. 하지만 우리에게는 이런 문제를 해결할 만큼의 자원이 없습니다. 기자님도 저도 슈퍼 리치Superreiche는 전혀 아니니까요. 이래서는 전지구적 문제를 해결할 수가 없어요.

그러면 누가 우리를 구해줄까요?

대도시의 시장이라는 것이 바버의 대답입니다. 사상 처음으로 지구인의 과반수가 도시에 살게 되었습니다. 개발 도상국에서는 그 비율이 70퍼센트에 달하고요. 대도시는 국가와 개인 사이에 위치하고, 규모와 인구 밀도 그리고 인종 구성은 공동체Gemeinschaft와 사회Gesellschaft를 매개하기에 딱 적합합니다. 사회는 익명적이고 관료적인 관계를, 공동체는 마주보고 협력하는 관계를 대표합니다. 도시의 문제에 있어서는 어려운 문제가 발생한다고 할지라도 경험적인 접근이 가능합니다. 도시의 주민은 서로 의견의 일치를 볼 수 있습니다. 이건 바버의 희망이죠. 그에게는 좋은 삶에 대한 모델이 없어요. 하지만 진정으로 무언가를 할 수 있는 사람이 누구인지 질문하죠. 그는 시장으로 구성된 세계 의회를 제안합니다. 결정의 집행이 아닌 경험의 공유를 위함이죠. 여타의 당면 과제는 전부 보류해야 한다는 겁니다.

선생님께서는 책임의 문제를 항상 다루십니다. 이는 우리와 함께 살아가는 인간Mitmensch에 대한, 그러니까 기독교적 의미의 "이웃"에 대한, 지리적으로 떨어져 있지만 그들 인생에 우리가 간접적으로 영향을 미치고 있는 인간에 대한 개인의 책임입니다.

기술은 우리의 영향력을 근본적으로 강화했습니다. 그러나 우리의 도덕적 성숙도는 여전히 아담과 이브 수준에 머물러 있고, 이것이 문제입니다. 우리가 책임을 지고 있다는 사실을 알아야 해요. 이 책임이 무엇에 대한 것이든 말입니다. 책임의 소재를 알아내는 건 우리에게 불가능한 일입니다. 그건 그렇고, 이런 결론은 장 폴 사르트르의 이념을 계속 전개해 나갈 때 도출되죠. 무엇에 대한 것인지 예상할 수 없다고 해도 우리는 삶의 모든 순간에 책임을 진다. 이 말을 처음으로 한 사람이 사르트르입니다. 양심은 우리의 운명이자 우리 삶의 고통이죠.

세계화된 세계에서는 세계 자체가 우리의 책임 영역입니다.

우리는 이미 세계 시민의 상황에 처해 있습니다. 우리 모두는 서로에게 구속되고 종속되어 있습니다. 이제 거리는 예전과 같은 역할을 하지 않습니다. 공간은 시간을 닮아가고 있습니다. 아디스 아바바는 런던에서 얼마나 떨어져 있을까요? 아마 기자님께서는 킬로미터보다는 시간 단위로 생각하실 겁니다. 비행기로는 7시간 20분이 걸리죠. 한번은 호주 캔버라 대학교에서 교수직 제안이 왔습니다. 그래서 거기 있는 동료에게 캔버라가 시드니에서 얼마나 떨어져 있는지 물어봤어요. 10달러라고 답하더군요. 당시 비행기 티켓 한 장의 가격이었죠. 서로 뭔가 생각이 달랐던 겁니다. 그래서 저는 깜짝 놀랐어요. 원래는 킬로미터로 말해주기를 바랐지만 시간으로 답해줬다고 해도 그토록 놀라지는 않았을 겁니다. 시간은 그리 결정적인 것이 아니었어요. 그보다는 이미 돈이었죠. 우리는 세계 시민적인 개념으로 사고하기보다는 우리에게 익숙한 개념으로 번역합니다. 무엇이 얼마인지, 몇 시간이 걸리는지 말입니다.

말이야 쉽지만 진정으로 세계 시민이 되는 것은 어렵습니다. 불가능하지는

않을지라도 말입니다. 어떻게 하면 우리 자신을 고대 그리스적 의미의 폴리스Polis나 도시국가의 시민이 아닌 인류의 시민으로 여길 수 있을까요?

기자님께서 자신을 정의하실 때, 그리고 자신의 정체성에 관한 질문을 받으실 때, 나는 인간이라고, 나는 인류의 구성원이라고 답하지는 않으실 거라고 생각합니다. 우리는 상황 속에 존재하지만, 그 상황이 어떤 논리를 가지고 있는지 파악했던 적은 아직까지는 전혀 없습니다. 하지만 이런 문턱을 넘어서는 것이 인류 역사에서 처음은 아닙니다. 한때 수렵민과 채집민은 작은 떼를 지어 살았습니다. 그들에게 "인간"은 150명의 무리였죠. 집단이 그보다 더 클 수는 없었어요. 그랬다면 살아남을 수 없었을 겁니다. 자동차도 없고 오토바이도 없었던, 또는 말밖에 없었던 지역에서는 식량이 제한되어 있었습니다. 한 집단이 다음 날까지 목숨을 부지하는 것도 어려울 정도였죠. 열매, 견과류, 그리고 야생 동물이 원하는 만큼 많지 않았습니다. 농업을 고안하면서 집단이 커졌고 부족이 형성되었죠. 근대의 문턱에 이르기 전의 결정적인 단계였죠. 정치학자 베네딕트 앤더슨Benedict Anderson이 말하는 "상상의 공동체imaginäre Gemeinschaften"는 친근함Familiarität에 기초하는, 얼굴을 맞대면서 이야기하는 지역적 공동체에서 생겨났습니다. 이를 통해 중요한 문턱을 넘어섰죠. 매일매일의 구체적 경험에서 개인의 정체성을 지탱하는 추상적 개념으로의 이행이 일어났기 때문입니다. 국가Nation는 수 세기가 흐르면서 형성되었고, 오늘날 우리는 그 안에서 살고 있죠. 이런 국가는 앞서 말했던 "상상의 공동체"입니다. 우리의 소속은 머릿속에만 존재하죠. 그리고 우리는 같은 소속의 절대 다수를 개인적으로 만나지 않습니다. 우리에게 그들은 낯선 사람입니다. 하지만 우리는 그들의 운명에서, 그들의 상상에서, 그리고 사물에 대한 그들의 시각에서 우리 자신을 발견합니다. 이는 앞으로 나아가는 결정적인 걸음이었습니다. 페르디난트 퇴니에스가 "공동체 Gemeinschaft"라고 불렀던 것에서 "사회Gesellschaft"로의 이행이었죠

그리고 선생님께서는 우리가 비슷한 이행을 앞두고 있다고 생각하시는 겁니까?

다가올 이행의 과정도 이전보다 더 수월하지는 않습니다. 우리 앞에는 하나의 문턱이 있고, 지나온 모든 문턱과 마찬가지로 우리는 그 문턱을 넘어야 합니다. 지나온 문턱과 길은 성과입니다. 그러나 여기에는 세계 시민 의식으로의 이행에서는 찾아볼 수 없는 공통적 특징이 있습니다. 이전의 모든 길은 구성원으로 이루어진 새로운 공동체를 형성했습니다. 하지만 새로운 공동체의 형성은 항상 다른 공동체와의 경계 설정을 통해 이루어졌죠. 독일인과 프랑스인이 있었기 때문에 모든 공국으로부터 독일이 생겨났던 겁니다. "나는 독일인이다"는 다른 무엇보다 "나는 프랑스인이 아니다"를 의미했어요. 바이에른에서는 이것이 문제가 되었죠. 바이에른은 스스로가 프랑스인인지 아니면 독일인인지 확신할 수 없었으니까요. 하지만 우리 앞에 놓인 새로운 길에는 참조점도 상대방도 없습니다. 인류는 인류입니다. 인류를 벗어나면 더 이상 아무도 없어요.

이런 이유로 공상 과학물에서는 약탈적 외계 종족의 지구 침공이라는 주제가 인기를 얻고 있습니다. 공공의 적 외에는 인류를 이토록 강하게 결속시키는 것이 없을 겁니다.

인류는 국민국가라는 상상의 공동체뿐만 아니라 열려 있는 단체보다도 크기 때문에 상황은 이와 다릅니다. 그 규모가 어떠하든 국민국가에는 경계가 있습니다. 그러나 인류에는 경계가 없죠. 호모 사피엔스 종의 구성원이라면 누구든지 인류 공동체의 구성원으로서

자신의 권리를 요구할 수 있습니다. 이런 사정으로 인해 상당한 어려움이 생겨나죠. 저는 인류의 동맹이 가까운 미래에 성공할 것이라고 생각하지 않습니다. 오히려 반대의 경향이 보이죠. 사람들은 세계화의 압력에서 두려움을 느낍니다. 이는 정상적인 반응이죠. 그들은 자신의 힘이 닿지 않는 영역에서 상황을 통제할 수 없기 때문입니다. 그래서 본능적으로 물러서고 경계를 닫아버리죠. 다른 사람과 달리 개별 국민국가라는 상상의 공동체의 일원이라면 대가의 규모와 고통의 크기, 그리고 굴욕의 정도가 어떨까요? 한나 아렌트는 묻습니다. 프랑스 혁명이, 인간과 시민의 권리 선언이 진정으로 무엇을 의미하는지 말입니다. 그리고 지적합니다. 이는 모두의 권리가 아닌 프랑스 시민의 권리를 의미한다는 거죠. 무국적자에게는 시민권이 없습니다. 기자님과 저와는 다르게 그들은 수용소에 갇힐 수 있습니다. 우리의 국가는 모든 시민의 권리를 보장합니다. 우리는 이런 국가의 시민이고요. 우리에게 권리가 있는 것은 이 덕분이죠.

그리고 이런 특권을 우리는 지켜내려고 하죠.

그게 문제죠. 저는 이 문제가 어떻게 사그라질지 답할 수가 없습니다. 그저 우리 앞에 놓인 과제의 복잡성을 곰곰이 생각해보려고 합니다. 인간은 역사 속에서 이미 여러 번 큰 발걸음을 내딛었습니다. 하지만 우리는 다른 한편으로 거의 막다른 길에 이르렀습니다. 우리에게는 새로운 요청이 다가옵니다. 자신이 세계 시민이라고 말하는 동시에 동료 시민이 낯설다는 생각에 맞서야 한다는 거죠. 어떤 게 더 있을지는 모르겠네요. 제 주위의 모든 사람에게는 자신을 모든 인간을 포괄하는 공동체의 구성원으로 간주해 달라고 요구할 권리가 있습니다. 이전에는 이런 게 없었죠.

우리는 모두 같은 배를 타고 있습니다. 어쩌면 우주선이라고 해야 할지도 모르겠습니다. 우주에 홀로 떠 있는 지구라는 우주선에 말이죠.

우리도 이론적으로는 그걸 이해합니다. 하지만 정말로 우주선에 타고 있을 때처럼 그에 맞게 행동하고 행위하기까지는 여전히 멀고 먼 길이 남아있죠.

이런 길을 가야 한다고 주장하는 것이 지식인의 임무입니다. 선생님께서 1987년에 출간된 『입법자와 해석자Legislators and Interpreters』에서 말씀하셨 듯이, 프랑스의 철학자는, 계몽의 지식인은 한때 유럽에서 큰 영향력을 지 녔습니다. 그러나 우리가 이미 확인했듯이 오늘날은 정치인, 기업인이나 여 타의 유력 인사 중 지식인에게 귀 기울이는 사람은 거의 없습니다.

그건 크고 중요한 문제입니다. 저는 무척 늙은 사람이니까 곧 죽 을 겁니다. 그리고 저는 불만과 불행 속에서 죽을 겁니다. 풀지 못 한 문제가 있으니까요. 납득할 만한 답을 찾기 위해 문제와 씨름했 지만 성공하지 못했어요. 제가 더 이상 답을 찾으려 하지 않을 것이 라는 점을 압니다. 저에게는 더 이상 시간이 없어요. 문제는 상당히 단순합니다. 어떻게 하면 세상을 새롭게 만들 수 있을까? 이런 물 음은 성경에서, 신약에서 나옵니다. 예수는 요한 묵시록에서 인용 되죠. "보라, 내가 모든 것을 새롭게 만든다."[1] 어떻게 해야 말을 행 동으로 옮길 수 있을까? 저는 이 물음에 관한, 이 주제에 관한 모든 문헌을 연구했습니다. 모든 철학자가 이에 관해 이야기합니다. 하 지만 저를 만족시킨 대답은 단 하나도 찾을 수 없었습니다. 제 삶이 흘러갈수록 이 문제는 저에게 더욱 중요해졌습니다. 이제는 이 문 제가 어느 때보다 더 절박하다고 생각합니다. 제가 오늘날, 제 삶의 마지막에 품고 있는 가장 큰 걱정이 이것입니다.

---

1 묵시 21,5 참조(성경, 한국천주교중앙협의회, 2020)

오늘날 사회학의 과제가 어디에 있다고 보십니까?

사회학은 이러한 조건 아래에서 새롭고 무척 중요한 공적 영역을 품고 있습니다. 이는 개인의 공동체죠. 이들 개인은 자신을 둘러싼 무척이나 모호한 세계를, 안개가 짙은 영토 바깥의 세계를 마주합니다. 저는 배후의 메커니즘을 해명하고 일어나는 일을 이해하고자 노력합니다. 이는 개인의 시도를 위한, 그의 삶에 대한 통제력을 얻기 위한 전제입니다. 누군가 이 부분에서 성과를 얻을 것이라고 말하지 않습니다. 조언을 하는 것이 아닙니다. 하지만 최소한 이 부분에 있어서의 이해를 늘리고 현상 뒤에 숨은 것을 알기는 해야 합니다. 사회학은 익숙한 것을 낯설게 하고, 낯선 것을 익숙하게 하는 것입니다. 이는 사회학의 과제입니다. 사회학자가 위기에 처해 있다고 생각하지 않습니다. 사회학자가 그 어느 때보다 더 필요하다고 생각합니다. 현재의 세대를 위한 새로운 사회학자의 세대가 말입니다.

"세대Generation" 개념은 스페인 철학자 호세 오르테가 이 가세트José Ortega y Gasset에 의해 생겨났고 이제 거의 한 세기 정도가 되었죠. 오늘날 이 개념의 의미는 무엇입니까?

이 개념은 두 세대를 서로 갈라놓았던 제1차 세계대전의 충격적인 경험에서 기원합니다. 전쟁에 의해 유럽적 정체성에는 균열이 생기고, 이러한 균열에 의해 세대 개념은 사회적이고 정치적인 분리선의 연구에 있어서 가장 중요한 도구가 됩니다. 객관적인 학문적 범주는 주관적인 개개의 인생경험에 기반합니다. 다른 이유로 인하여 오늘날 세대를 규정하는 경험은 이어지는 세대에게 영향을 미치지 않거나 매우 적은 영향을 미칠 뿐입니다.

그런데 이미 고대 그리스인부터 "요즘 애들"에 대해 탄식하지 않았습니까? 소크라테스는 그들이 "품행이 형편없고, 노인을 공경하지 않으며, 다리를 꼰다"고 말했습니다. 세대 간의 상이함보다는 유사성이 더 큰 것 아닌가요?

세대 갈등의 최초 흔적은 고대에서 발견됩니다. 하지만 극심한 갈등은 근대가 되어서야 등장하죠. 세계가 변한다고, 그것도 인간의 개입에 의해 변한다고 믿는 때부터, 한 인간이 "그런데, 전에는 달랐어"라고 말할 수 있을 정도로 세계가 빠르게 변하는 때부터, 그리고 존재와 당위를 구분하고 "예전의 호시절"이나 "더 나은 미래"를 바라보며 불평을 늘어놓을 수 있을 때부터 말입니다.

이는 공동체에 대해 무엇을 의미하나요?

네트워크 관념이 공동체 관념을 대체해 버렸습니다. 공동체의 특징은 가입의 어려움입니다. 모두가 스위스인이 될 수는 없고 기나긴 절차가 필요하죠. 공동체에서의 탈퇴 역시 어렵습니다. 인간적인 유대를 끊고 싶다면 기발한 생각이 필요하죠. 이유를 만들어내고 협상을 해야 합니다. 성공한다고 해도 응징이 있지는 않을지, 언제 나갈 수 있을지 알 수 없습니다. 소셜 네트워크에서는, 페이스북에서는 다르죠. 올라타고 어울리는 일이 매우 수월합니다. 과거에 사람은 공동체에서 태어났습니다. 그의 자리는 공동체 안에 있었고, 그 자리는 운명이 되었죠. 그리고 그는 공동체 안에서 남은 인생을 보냈습니다. 하지만 이제는 과거와 상황이 다릅니다. 네트워크라는 유행하는 개념은 과거와 다른 모든 것을 서술합니다. 네트워크는 과거의 공동체와 정반대입니다. 마음에 들지 않는 것이 있다면 변형할 수 있습니다. 좋아하지 않는 사람들이 있다면 눈 앞에서 마음대로 치워버릴 수 있고 그들의 메시지에 답을 하지 않거나 차단할 수 있죠. 그들 외에는 아무도 모릅니다. 네트워크는 제가 행동하는 방식을 통제하지 않기 때문입니다. 네트워크는 어쩌면 제가 여기 있다는 사실조차 모를 수도 있습니다. 공동체에는 적용할 수 있는 제재와 형벌에 대한 길고 긴 목록이 있습니다. 공동체는 의심의 눈초리로 감시하며 모두의 잘못된 행동을 알아챕니다. 이 모두는 일탈 행동에 대한 처벌을 하기 위함이죠. 하지만 네트워크에는 그런 것이 없습니다. 점토처럼 형성할 수 있죠.

협회나 이익 단체 같은 "실제" 공동체에는 이것이 어떤 영향을 미치고 있나요?

온라인 데이트에 의해 관계가 형성되는 것처럼 실제 공동체는 네트워크에 의해 형성됩니다. 오늘날까지 인격 전체를 요구하는 공동체는 거의 없습니다. 누구든 여러 곳에 소속될 수 있죠. 때문에 메뉴를 정하듯 충성을 바치는 것은 더 이상 공동체에 대한 배신으로 여겨지지 않습니다. 이제 사회문화적 사다리의 아랫부분을 벗어나서는 통합적인 공동체를 발견하기 어렵습니다. 예전에 흔히 그랬듯이 거기서는 여전히 인간적인 유대가 평생토록 지속되기 때문입니다.

7

종교와 근본주의

RELIGION UND FUNDAMENTALISMUS

세계의 몰락: 존재하지 않는 신을 믿는 것이 중요한 이유

선생님께서는 『데이터, 드론, 규율: 유동하는 감시에 대한 대화Liquid Surveil-lance』에서 불안이 우리 시대의 식별 표시라고 말씀하십니다. 사회가 우리를 불안으로부터 보호하고자 함으로써 더 많은 불안을 만들어낸다는 겁니다. 그런데 앞선 시대에는 불안이 더 심하지 않았나요? 신, 악마, 지옥, 유령, 그리고 자연에 대한 불안 말입니다.

저는 오늘날의 사람들이 이전보다 더욱 거대한 불안을 느낀다고 생각하지 않습니다. 그러나 오늘날의 불안은 이전과는 달리 더 자의적이고, 더 혼란스럽고, 더 막연합니다. 누군가 한 회사를 위해 30년을 일하고 상당한 인정을 받습니다. 그러다 갑자기 어떤 기업이 찾아오고, 그 회사를 먹어버립니다. 그리고 회사 문을 닫아버리죠. 그렇게 다시 거리에 나앉게 되는 겁니다. 누구든 50살이 되면 새 직장을 구할 기회는 적습니다. 오늘날 많은 이들이 이런 불행 앞에서 불안해합니다. 어디서 불행이 오는 건지 알지 못하고 이를 예방할 수도 없죠.

예전에는 달랐나요?

뭔가 구체적인 것을 두려워했죠. 수확이 없으면 하늘에 대고 외칩니다. "비가 내릴까, 아니면 전부 말라죽어 버릴까?" 아이는 학교에 갑니다. 하지만 등굣길에는 작은 숲이 있고, 숲에는 늑대가 있습니다. 그래서 바래다줘야 하죠. 사람들은 핵전쟁의 불안 속에서도 벙커를 지어 스스로를 지킬 수 있을 것이라 생각했습니다. 당연히 멍청한 생각이었죠. 하지만 그래도 무언가를 할 수 있다고 생각했습니다. 절망하지 않고 결심했죠. '나는 잘 할 수 있어, 우리 가족을 위해 방공호를 지을 거야.'

적어도 오늘날 부유한 국가에 사는 우리만큼은 이전 그 어느 때에 살던 인간보다 더 길고 더 안전한 삶을 살고 있습니다. 무엇보다 리스크가 크게 줄어들었죠.

차이를 분명히 하기 위해 리스크Risiko 개념을 위험Gefahr 개념과 비교해야 합니다. 위험은 특유한 것입니다. 두려움의 대상을 알고 예방적 조치를 취할 수 있죠. 리스크의 경우는 그렇지 않습니다. 오늘날 우리는 우리 이전의 그 어떤 세대보다 더 안전합니다. 우리는 동시에 위태로움의 환영 아래에 살고 있죠. 여러 이론가들은 이런 역설을 알아차렸습니다.

이로부터 산업 전반이 이익을 얻고 있죠.

보안 산업은 두말할 나위 없이 성장했으며 유일하게 경제 위기의 영향을 받지 않는 부문이죠. 통계나 실제의 위협과는 무관합니다. 국제적 테러리즘은 보안 인력의 배치, 보안 업무의 기술적 개발 그리고 조치의 강화를 위한 아주 좋은 구실이죠. 국제적 테러리즘에 의한 희생자의 수는 교통사고 사망자의 수에 비하면 우스운 수준입니다. 그토록 많은 사람들이 거리에서 죽습니다. 하지만 매체에서는 언급조차 안 하죠.

담뱃갑처럼 모든 차에 스티커를 붙여야 합니다. "차량 운전은 당신과 주변 사람의 건강을 해칩니다."

네, 바로 그겁니다! 다른 한편으로 생활 수준은 향상되었습니다. 우리처럼 부유한 국가에 사는 사람들은 더 이상 밥 걱정은 안 해도 됩니다. 그러나 이와 동시에 금융위기 이후로 사람들은 자신들이 가난해지지 않을까 두려워하고 있죠. 중산층 전체는 이제 시장의 부침에 내던져졌고 생활 수준의 끝없는 하락을 두려워하고 있습니다. 직장을 잃은 노동자의 경우는 말할 것도 없고요. 생활 수준은 19세기에 비해 비교할 수 없을 정도로 확실히 올라갔지만 더 이상 어떤 식으로든 행복의 감정을 선사해주지는 않죠. 많은 이들이 기쁠 정도로 좋은 하루를 뒤로 하고 잠자리에 들었음에도 악몽을 꿉니다. 일에 몰두하는 바람에 낮 동안에는 억눌려 있던 악마들이 말을 걸어오죠. 그리고 밤의 고요 속에서 불안이 수면 위로 떠오릅니다.

선생님께서는 우울이 소비 사회의 특징적인 결핍이라고 말씀하고 계십니다.

이전에는 온갖 금지가 넘쳐났기 때문에 고통을 받았습니다. 죄를 저지르는 데 대해 공포를 느꼈고 규칙을 위반하면 사회 부적응이라는 비난이 쏟아졌기 때문에 항상 불안이 뒤따랐죠. 이런 공포와 불안은 신경증을 유발했습니다. 오늘날 우리는 가능성이 넘쳐나지만 결핍에 대해 불안해 하면서 고통을 받습니다. 이것이 우울로 이어지죠.

아직 우울로 이어지지는 않은 곳에서도 안전에 대한 집착은 나타나죠.

불안은 오늘날 우리의 열린 사회에 존재하는 모든 악마들 중에서도 가장 음험합니다. 우리가 얼마나 버릇없고 까다롭든지 간에, 겉보기에 얼마나 잘 지내든 간에, 우리는 위협과 위태로움을 느끼고 걱정합니다. 그리고 공포에 빠지곤 하죠. 이런 이유로 우리는 역사에 등장하는 대부분의 사회보다 훨씬 더 안전의 문제에 집착합니다. 현재의 위태로움과 미래의 불확실성은 불안을 불러일으킵니다. 불안은 우리를 완전히 압도해버리죠.

선생님 글을 달리 옮기자면 우리는 이와 같은 불안에 형태를 부여하기 위해 희생양을 필요로 한다는 건데요.

불안의 원인과 불안에 맞서 시도하는 행위 사이에 더 이상 연관이 없다는 점에서 이전 시대 사람이 겪었던 불안과 오늘날 우리가 겪고 있는 불안은 다릅니다. 우리는 감당할 수 없는 실존적 불안의 과잉을 해결하기 위해 대체물을 찾고 있습니다. 우리는 간접흡연을 피하고 기름진 음식을 멀리하고 쏟아지는 햇살과 위험한 섹스로부터 우리 자신을 보호합니다. (지그문트 바우만은 파이프를 피우기 시작한다.) 담배 피우는 게 좀 그러십니까?

전혀요.

간접흡연을 꺼리지는 않으십니까?

네.

제 아내 알렉산드라는 괴로워합니다. 야 나는 평생 담배를 피웠어요. 그래서 문제가 없었죠. 하지만 알렉산드라는 담배를 피우지 않으니 괴로워하죠.

궐련도 피우십니까?

그래야죠. 파이프 피우는 건 풀타임 잡입니다. 궐련 피우는 건 훨씬 간단하죠. 컴퓨터 앞에 앉아 뭔가를 구상합니다. 그런데 문장 한가운데서 어떻게 더 나아가야 할지 알 수가 없는 겁니다. 어떻게 끝을 맺을지 말이죠. 기자님도 이 느낌을 잘 아실 겁니다.

그때 궐련에 불을 붙이시는 거군요.

궐련은 도움이 안 됩니다. 몇 번 빨고 나면 끝이에요. 파이프 피우는 건 진지한 일입니다. 파이프를 청소하고 연초로 채워 넣고 연초에 불을 붙여야 합니다. 그리고 나서도 끊임없이 새로 불을 붙여 줘야 하죠. 파이프는 끊임없이 꺼지니까요. 그리고 그 모든 일을 하는 동안 너무 힘들이지 않고도 문장의 끝부분이 떠오릅니다.

오래된 불안을 간접흡연에 대한 불안과 같은 새로운 불안으로 바꾸는 전환점 같은 것이 있습니까?

규율이 사라지고 개별화가 진행되면서 전통적인 유대는, 오래전부터 존재해 왔고 영원히 이어질 것처럼 보였던 친척과 이웃 사이의 유대는 끊어집니다. 설령 끊어지지는 않는다고 해도 무척 느슨해지죠. 근대 특유의 불안은 이와 함께 등장합니다. 공동체의 와해와 함께 불안에 대한 규율 또한 풀립니다. 오늘날 널리 퍼지고 있는 위태로움은 모두를 각자의 불안과 함께 홀로 남겨둡니다.

선생님께서는 윤리적인 문제에 대해 논하실 때 종종 종교를 소환하십니다. 그리고 신학자에게 흔히 넘겨 버리는 주제를 다루시죠. 악, 도덕적 책임, 오랜 관계의 가치, 자기헌신, 이웃 사랑, 죽음 같은 것 말입니다. 선생님이 은밀한 신학자처럼 보일 때도 있습니다.

저 자신은 종교적인 인간이 아니라는 점을 고백하지 않을 수가 없네요. 하지만 인생이 흘러가면서 제 시선은 종교의 중요성에, 믿음과 초월의 의미에 점점 더 쏠렸습니다. 이것 없이는 인간성을 상상할 수 없습니다. 우리 모두가 성인Heiliger이 될 수는 없습니다. 하지만 우리 중에 성인이 단 한 명도 없다면 우리의 인간성도 없을 겁니다. 그들은 우리에게 길을 알려주고 길이 열려 있다는 점을 분명하게 보여주죠. 우리가 그 길을 보려 하지 않고 그 길로 가려 하지 않는 때, 그들은 우리에게 양심의 가책을 느끼게 합니다. 우리 자신은 언제나 더욱 거대한 무언가를 올려다보고 있습니다. 그게 신이 아니라면 그 자리에 대체물이 있기 마련입니다. 그리하여 이익을 추구하거나 돈을 숭배하거나 아니면 기술의 초자연적인 힘을 믿으면서 기술을 예찬하게 되는 겁니다.

이슬람과 기독교의 근본주의적 흐름을 제외한다면 종교의 부활이라는 주장에 근거가 있나요?

우리가 서구 세계에서 체험하고 있는 것은 종교의 부활이 아니라 영성의 부활이죠. 사람들은 교회로 돌아가지 않습니다. 일상 위에 있는, 매일의 근심 너머에 있는 내적인 것으로 다가가죠. 제가 얼마 전에 작은 책을 두 권 냈는데 읽어보셨나요? 스타니스와프 오비레크Stanisław Obirek와 나누었던 대화를 담고 있습니다.

『세계와 우리 자신에 대하여On the World and Ourselves』는 제 침실 탁자에 놓여 있습니다.

다른 책은 『신과 인간에 대하여Of God and Man』라는 제목으로 나왔죠. 스타니스와프 오비레크는 뛰어난 사람입니다. 엄청난 다독가입니다. 예수회 소속이자 활동 중인 사제였죠. 그런데 둘 다 놓아버렸어요. 하지만 신앙심 깊은 가톨릭 신자로 남았습니다. 교회를 떠났지만 이념을 버리지는 않았죠. 이것이 저희 삶의 이력의 공통점입니다. 저는 예수회 신자가 아니었지만 공산주의자였고 그가 교회를 떠났던 것처럼 당을 떠났습니다. 하지만 저는 도덕적인 원칙과 사회주의적인 이념에 여전히 충실합니다.

선생님께서는 『세계와 우리 자신에 대하여』에서 이런 식의 이행 과정에 대해, 그러니까 "통과 의례rites de passage"에 대해 말씀하고 계십니다. 스타니스와프 오비레크는 폴란드 로마 가톨릭 교회의 상황에 대해 비판했고 예수회 교단의 관구장은 일 년간의 침묵 의무를 부과함으로써 그를 처벌했습니다. 그리고 그는 교단을 떠납니다. 선생님께서는 그처럼 종교적이지는 않으십니다. 하지만 종교를 필수 불가결한 것으로 여기시죠. 어떻게 이런 조합이 가능한가요?

저는 신은 인류와 함께 죽을 것이라고 확신합니다. 그리고 종교에 대한 저의 모든 사고는 이 확신에 기반을 두고 있습니다. 달리 말해서, 신에 대한 관념 없이는 인류를 상상할 수 없다는 겁니다. 살아 있는 한 우리는 신을 필요로 합니다. 이 지점에서 저는 세상을 떠난 저의 친구 레셰크 코와코프스키의 사고를 다시 다룹니다. 그는 신은 인간의 부족함을 의미한다고 말했습니다. 우리의 능력은 직면한 과제를 해결하기에는 부족하고 이에 대한 인식을 피할 수는 없습니다. 이는 명백합니다. 그러나 근대는 인간의 이러한 결점에 대해 의문을 던집니다. 기술과 과학은 우리가 무능을 극복할 수 있을 것이라고 기술과 과학이 이를 가능하게 해줄 것이라고 알려왔습니다. 이는 그저 일시적인 상황일 뿐이며 인간 본성menschliche Natur의 근본적 속성은 아니라는 겁니다. 우리는 아직 "살로몬의 집Haus Salomons"에 이르지 못했지만, 충분한 노력을 기울이고 더 많은 재정을 연구에 투입한다면 그곳에 닿을 것이고, 이로써 인간이라는 종의 부족함에 기인하는 치욕적 감정에 종지부를 찍을 수 있다는 거죠. .

코와코프스키는 인간의 자기 신격화는 "인간의 부족함을 우스꽝스럽게" 드러내고 마르크스주의는 이에 철학적인 표현을 마련해주었다고 적습니다. 실리콘 밸리와 그 인근 지역에서 "과학에 대한 신봉"이라는 말은 모욕이 아닙니다. 그곳에는 오늘날에도 몇몇의 선지자가 있습니다. 그들은 인간이 스스로를 넘어서고 에덴의 낙원을 창조할 수 있을 것이라고 생각하죠.

우리는 더 이상 상황이 나아질 것이라 믿지 않습니다. 우리는 새로운 부족함으로, 개인의 부족함으로 넘어왔습니다. 이전에는 정부, 국가, 그리고 공동체가 문제를 해결하려고 했다면, 이제는 개인에게 문제의 해결을 기대합니다. 이건 달리 표현하자면 더 나아질 수 없는 세계 안에서 견딜 만한 자리를 찾는 일이죠. 세계가 몰락의 길로 내던져졌지만, 사회적 몰락 속에서 자신을 위한 해결책을 찾는 일은 모든 개개인의 과제입니다.

베이컨의 1627년작 『새로운 아틀란티스Neu-Atlantis, The New Atlantis』에는 연구기관이 등장합니다. 그는 이곳을 "살로몬의 집"으로 칭하고, 이곳을 통해 미래의 발견과 지식에 대한 그의 비전을 묘사합니다. 선생님께서는 베이컨처럼 "살로몬의 집"을 언급하셨습니다. 이상적인 사회의 창조에 대한, 자연의 정복에 대한 믿음을 흔들어 놓았던 것은 무엇입니까?

제가 생각하기에 이건 1755년에 벌어진 리스본의 재난에서 시작되었습니다. 지진, 대규모의 화재, 쓰나미, 세 재앙이 한꺼번에 일어났습니다. 유럽 역사에서 가장 끔찍한 자연 재해였습니다. 이는 유럽인의 사고에 엄청난 흔적을 남겼습니다. 당시의 리스본은 문명과 계몽을 이끄는 중심지였기 때문입니다. 자연은 우리의 도덕적 원칙을 따르지 않는다는 점이 눈앞에 드러났습니다. 불행은 선한 사람과 악한 사람 모두에게 평등하게 일어났고, 인간은 이와 같은 모습을 목격하였습니다. 우연에 의해 자의적으로 일어난 일이었기 때문에, 죄인과 마찬가지로 죄 없는 사람도 몰살을 당했기 때문에 이는 죄에 대한 대가와 무관했습니다. 그럼에도 우리 인간이 세계를 관리할 것이라는 마음은 변하지 않았습니다. 신의 창조물은, 자연은 전적으로 불투명했기 때문에 신이 이러한 일을 할 것이라고 기대하지는 않았습니다. 우리는 이런 자연을 믿을 수 없었습니다. 우리는 문제에 대한 책임을 스스로 져야 했고, 기술과 과학의 도움으로 모든 것을 통제하에 두어야 했죠. 우리는 여전히 부족합니다. 그러나 이는 시간의 문제일 뿐이고 언젠가 끝이 날 것이라고 생각하죠.

자연은 파괴적인 힘을 가지고 있지만 축복을 가져다주기도 합니다. 이로 인해 소위 원시 부족은 신에게 보호와 도움을 요청합니다. 기우제에서 추는 춤 같은 것이 고대 이집트에서, 아메리카 원주민 사이에서, 그리고 20세기의 발칸에서도 널리 퍼졌습니다. 비를 부르고 수확을 확실히 하기 위한 하나의 의식이었죠.

그들은 그들 자신이 자연을 통제하지 않는다는 사실을 의식하고 있었습니다. 그들은 더 높은 힘을 믿었습니다. 그 힘을 향해 기도를 드리고 제물을 바칠 수 있었고 이로써 죄에 대한 용서를 받고 힘을 얻을 수 있었죠. 그들은 부족함에 대한 감각을 가지고 있었습니다. 그들은 인간의 힘으로는 재난을 막을 수 없다는 사실을, 그들 자신의 힘으로는 복된 삶을 지킬 수 없다는 사실을 분명히 알고 있었습니다. 그러나 개인의 부족함에 대한 오늘날의 의식Bewusstsein은, 21세기의 의식은 이전과는 다른 부류의 것이고, 반드시 종교로 이어지는 것은 아닙니다.

그러나 오늘날의 많은 사람들은 초자연적인 무언가와 온갖 주문Hokuspokus을 믿습니다.

스타니스와프 오비레크는 『나만의 신God of my own』이라는 훌륭한 책을 썼습니다. 그 책에서 그는 비제도적 종교nichtinstitutionalisierte Religion의 부활을 다룹니다. 이는 유일신을 믿는 교구 사람으로 이루어진 교회종교Kirchenreligion가 아닙니다. 그들은 개인적인 신을, 그러니까 "나만의 신"을 찾습니다. 이건 유대교의 카발라에서, 저건 불교에서, 다른 건 기독교에서, 이런 식으로 여기저기서 끌어온 부품을 조립하여 자신만의 신을 만들어냅니다. 그들은 안전하다는 느낌을 주는, 보호를 받는다는 느낌을 주는, 그리고 닻을 내릴 수 있는 안식처에 대한 환영에 가깝지만 위안을 주는 비전을 어디서든 발견합니다. 신은 전통적인 교회에 기반하는 종교 안에서만 아니라 "나만의 신" 안에서도 나타납니다. 이 지점에서 두 현상의 공통분모를 찾을 수 있습니다. 하지만 사회적 실천이라는 측면에서 본다면 두 현상은 무척 다릅니다.

전통적 실천이 공동체적이라면 근대적 실천은 자기중심적이죠.

더욱 더 많은 사람들이 자신보다 더 높은 곳에 있는, 그러나 사용자 친화적인 무언가를 찾기 위해 필사적으로 노력하고 있습니다. 이제 그들은 사회적인 문제에 대한 개인적인 해법을 찾아야 합니다. 그리고 그들은 이러한 책임으로 인해 다른 책임도 느끼게 됩니다. 그들 자신만의 신을 만들어내야 한다고 생각하는 거죠. 그들은 신이 저절로 나타날 것이라고 기대하지 않습니다. 이건 일주일에 한 번씩 교회에 나가는 것과는 더 이상 상관이 없어요. 얘기가 완전히 달라지는 겁니다. 미국식으로 말하자면, "완전히 다른 게임different ball game"인 거죠. 종교가 반드시 있어야 하는 것도 아니고, 있다고 하더라도 모시는 건 개인적인 신이죠.

근본주의의 성장은 무엇을 의미합니까? 근본주의는 개별 종교와 어떤 관계에 서 있습니까? 근본주의는 자신이 개별 종교의 순수한 형태를 대변한다고 주장합니다.

근본주의는 이슬람과 기독교 같은 종교 간의 논쟁에서만 아니라 개별 종교 자체 내에서도 종교적 개념으로 표현될 수 있습니다. 시아파와 수니파가 서로 맞서 싸우는 이슬람처럼 말입니다. 종교의 부활이라는 주장이 있습니다만, 그와 같은 부활은 거대한 종파große Glaubensrichtung의 부활이 아닌 종파주의Sektierertum의 부활입니다. 중동에서 일어나고 있는 것은 이슬람 내부의 투쟁입니다. 공격성의 증가, 소통의 단절, 절망적인 상황, 분열의 발생과 경계의 설정, 그리고 무력에 대한 호소. 저는 이 모든 것에 대한 책임을 종교에서 찾지는 않으럽니다. 종교에 대한 논증은 인간 그 자체의 부족함에 근거하고, 개인과 네트워크는 자기 고유의 부족함을 넘어서고자 종교의 논증을 끌어옵니다. 이것이 근본주의의 핵심입니다.

종교적 문제에 대해 몰두하시는 모습을 볼 때 선생님은 무신론자가 아니십니다. 그렇지만 신앙심은 또 없으신 것 같고요. 선생님께서는 불가지론자이십니까?

제가 생각하기에 저는 무신론자입니다. 저는 인격적인 신 같은 것이 있다고 믿지 않습니다. 하지만 우리가 살아남기 위해서는 신이 있어야만 한다고 믿습니다. 인류가 신 없이 살아갈 수 있다고 상상하지는 못하겠습니다. 인간은 지적인 동물입니다. 동물과 달리 인간은 자신이 부족하다는 점, 자신에게 무언가 결여되어 있다는 점을 깨닫습니다. 제아무리 대담하고 무모할지라도 우리는 늘 한계에 봉착합니다. 그리고 그 너머에 무엇이 있는지 스스로에게 묻게 되죠.

이런 경험은 신앙으로 이어질 수밖에 없죠. 하지만 선생님의 경우에는 그렇지 않습니다.

객관적으로 이해하고 파악할 수 없는 두 가지 관념이 있습니다. 하나는 무한성의 관념이고 다른 하나는 무의 관념입니다. 인간은 무를 표상할 수 없습니다. 아무것도 표상하지 않을 때에는 인간 자신이 표상의 행위 자체에 나타나기 때문입니다. 자기 자신을 포함하지 않는 것을 표상할 수는 없습니다. 따라서 이건 무가 아닙니다. 이건 우리의 이해력을 넘어서는 일입니다. 똑같은 것이 무한성에도 적용됩니다. 우리의 모든 경험은 시간에 구속되어 있습니다. 무한성은 그저 오래오래 계속되는 것이 아니라 끝도 시작도 없는 것이죠. 빅뱅이라는, 대폭발이라는, 무한성의 시작이라는 관념은 그럼 그 전에는 무엇이 있었냐는 물음으로 이어집니다. 빅뱅 직후에 일어난 일에 대해서라면 현대 우주론의 거장으로부터 세세한 묘사를 들으실 수 있을 겁니다 ….

… 노벨상 수상자 스티븐 와인버그Steven Weinberg는 이에 관해 멋진 책을 썼습니다. 『최초의 3분Die ersten drei Minuten, The First Three Minutes』…

하지만 과학자는 그 이전에 무엇이 있었는지 답해야 할 때 입을 다물고 있죠. 우리의 이해의 자연적인 한계는 여기에 있습니다. 무한성과 무에 대한 물음은 원칙적으로 철학적인 문제이기 때문에 이러한 인식에서 시작하여 신에게 다가가게 되는 경우는 드뭅니다. 철학자라면 이런 문제를 숙고하면서 며칠 밤을 새울 수 있겠죠. 하지만 철학을 하는 사람이 아니라면 그 누구도 이런 문제로 두통을 얻지는 않을 겁니다. 어떤 힘, 더 높은 존재 또는 신이 있다는 느낌에는 이성적인 근거가 있다는 얘기를 하려는 겁니다. 우리의 이해에는 한계가 있습니다. 사람마다 한계선은 다를 수 있지만, 한계가 있다는 점에는 변함이 없습니다. 그래서 반복해서 말합니다. "신은 죽을 것이다. 하지만 인류도 그와 함께 죽을 것이다."

선생님께서 말씀하시는 것은 하나의 역설이네요. 무신론자이시지만 인류는 신과 함께 죽을 것이라고 확신하시니까요.

저는 역설이라고 생각하지 않습니다. 그건 인간 존재의 구성 부분입니다. 우리에게는 모든 종류의 중요한 특성이 있습니다. 그 중에는 우리의 행동과 생각을 필연적으로 우리의 무능에 대한 인식으로 이끄는 것도 있습니다. 이는 나아가 우리 외의 무언가가, 우리 너머의 무언가가 반드시 있으리라는, 모든 것을 이어주는 어떤 힘이 있으리라는 짐작으로 이어집니다. 저는 인간입니다. 그리고 인간이기 때문에 이해력에는 한계가 있습니다. 저에게 한계가 있다는 사실은 한계 너머에 무언가가 있다는 점을 가리킵니다. 우리 모두는 종교에 대한 수요를 대규모로 생산하고 있습니다. 성직자는 우리를 위해 일하겠지만, 우리는 그를 필요로 하지 않습니다. 이건 자발적으로 일어나는 현상입니다. 여기서 어떠한 역설도 찾을 수 없습니다.

어떻게 믿음이 필요하다고 여기면서도 스스로는 믿지 않을 수 있나요?

비교하면서 설명을 드리겠습니다. 대화 초반에 이렇게 말했죠. 제 삶의 역사에서 저는 조류학자가 아니라 한 마리 새였다고요. 그러나 저를 학자로, 사회학자로 본다면 정반대의 경우가 됩니다. 이때 저는 새가 아니라 한 명의 조류학자인 거죠. 조류학자는 새를 연구합니다. 하지만 한 마리 새가 조류학자가 되었다는 이야기는 여태껏 들어보지 못했습니다. 저는 종교를 연구합니다. 종교가 왜 인류의 역사에서 사라지지 않는지 이해하기 위해 노력합니다. 최초의 원시인 무리가 생겨난 이래로 종교는 항상 어떤 형태로든 존재했습니다. 전세계를 여행하는 인류학자도 초자연적인 것에 대한 어떠한 표상도 가지지 않는 무리를 단 하나도 발견하지 못했습니다. 종교는 언제나 존재합니다. 다른 형태를 취할지라도, 모든 사람의 것은 아닐지라도 모든 시기에 존재하죠.

인간이 과거의 디노사우르와 같이 멸종될 수 있다는 것은 디스토피아적인 전망입니다. 그러나 대부분은 신보다는 우리 자신이 지구를 망쳐버릴 것이라는 두려움에 이러한 전망을 연관시킵니다.

천문학자는 우리에게 아직 50억 년이 남아있다고 말합니다. 그때 태양이 폭발하여 적색거성이 되고, 결국에는 붕괴되어 백색왜성이 되죠. 그러나 우리가 아는 세계의 종말은 아마도 훨씬 더 일찍 찾아올 겁니다. 지구 온난화의 결과에 대한 뉴스는 점점 더 심각해지고 있습니다. 어디선가 읽었는데요, 0.5퍼센트의 온도 상승도 식량 부족을 야기하기에는 충분하다고 합니다. 독일의 사회학자이자 사회 심리학자인 하랄트 벨처Harald Welzer는 『기후전쟁Klimakriege』이라는 흥미로운 책을 썼습니다. 거기서 그는 인간이 21세기에 이데올로기적인 갈등이 아닌 식량부족과 형편없는 생활조건으로 인해 죽게 될 것이라고 예언합니다. 지구에서 인구 밀도가 제일 높은 지역에 갑작스러운 변화가 찾아올 것이고, 그곳 사람은 제일 적은 식량을 얻게 될 것입니다. 그는 기후 변화가 세계의 광범위한 지역에서 정치적 그리고 사회적 질서의 붕괴로 인한 "장기전"을 야기할 것이라고 말합니다.

8

유토피아와 역사
UTOPIE UND GESCHICHTE

시간 여행: 오늘날의 피안은 어디인가

오늘날 디스토피아는 셀 수 없이 많지만 유토피아는 거의 없습니다. 하나가 지옥을 묘사한다면 다른 하나는 천국을 지상으로 끌어오려고 하죠. 유토피아적 계획의 대부분은 지면에 머물렀을 뿐입니다. 하지만 공산주의는, 선생님 스스로도 믿으셨던 이념은 비할 바 없는 규모로 세계를 움직였습니다. 이와 같은 대안적 사회 구상은 이제 유토피아로서의 역할마저 완전히 다한 겁니까?

저는 영국 망명 중에 학자로서의 삶을 이어가면서 몇몇 저작을 출간했습니다. 초기의 저작 중에는 『사회주의, 생동하는 유토피아 Socialism: The Active Utopia』라는 제목을 달았던 책이 있습니다. 제목이 전했던 메시지는 이것이었습니다. 사회주의 이념은 고착화된 사회적 질병의 현상황을 그대로 드러내고 이에 대한 대응책에 시동을 거는 유토피아의 역할을 하는데, 이것이 바로 사회주의 이념의 성과라는 거죠. 이와 같은 유토피아가 존재하지 않는다면 병폐는 더욱 커지고 통제되지 않은 채 퍼져 나갈 것입니다. 나아가 사회의 도덕적 기준을 훼손하고 결국에는 생활수준을 낮출 것입니다. 예상치 못했지만, 베를린 장벽이 무너진 후의 서구 사회의 역사가 이를 증명해주었죠. 아까 언급했던 메시지에서 또 다른 메시지도 끌어낼 수 있습니다. "그 어떤 상황에서도 사회주의적 이념이 실현되었다"는 선언은 사회주의적 이념이 역사 속에서 행했던 가장 중요한 역할에 대한 사망 선고라는 겁니다. 이는 민주주의에 대한 동시대의 사고에도 똑같이 적용됩니다. 민주주의 역시 그 어떤 곳에서도 도달할 수 없는 유토피아이기 때문입니다.

1989년의 전환 이후에는, 소비에트 제국의 붕괴 이후에는 곳곳에서 "이데올로기의 종말"을 말했습니다. 신자유주의와 신보수주의를 제외한다면 이는 어느 정도 타당합니다. 사회개혁적 이데올로기도 그 역할을 다했습니다.

그렇습니다. 하지만 이데올로기의 종말은 그 어느 때보다 더 멀리 있습니다. 근대는 인간의 힘으로 모든 것을 완벽으로 이끌 수 있다는 신념에 근거합니다. 대안이 없다는 것이 오늘날의 정치 격언이죠. 높으신 분들은 이성적 사회 질서에 대한 숙고를 시간낭비로 여기라고 기층민에게 요구합니다. 이것은 새로운 이데올로기, 바로 사유화의 이데올로기죠. 사유화의 이데올로기는 이따위 것은 삶의 행복에 기여하는 바가 없다고 말합니다. 더 일하라는, 더 많은 돈을 벌라는, 더 이상 사회에 대해 생각하지 말라는, 더 이상 공동체를 위해 행동하지 말라는 것이 그들의 요구입니다. "철의 여인" 마거릿 대처는 사회와 같은 것은 없다고, 개개의 남성과 여성 그리고 가족이 있을 뿐이라고 단언했습니다.

청년들은 대안의 부재를 매우 당연한 것으로 여깁니다.

많은 사람이 좋은 사회 같은 것에 대해 깊이 사고할 능력을 잃었습니다. 그들은 이런 무질서하고, 예측할 수 없고, 불편한 세계에서 안락한 틈새를 만들어낼 방법을 궁리하기를 좋아합니다. 자신과 가족 그리고 친척을 위해서죠. 그다지 놀라운 일은 아닙니다. 오늘날 우리는 다문화적, 다중심적 세계, 불확실성의 세계에 살고 있기 때문입니다. 모든 것이 너무나 빨리 변화하고 지향의 대상이 될 법한 고정점이 없기 때문에 장기적인 계획은 무의미합니다. 공적인 토론에는 더 이상 좋은 사회에 대한 관념이 없습니다. 기껏해야 지금보다 덜 나쁜 사회에 대한 관념이 있을 뿐이죠. "강력한 지도자"를 자처하는 도널드 트럼프, 오르반 빅토르, 또는 마린 르펜과 같은 정치인이 국민에게 제시하는 것은 대안적인 사회가 아닙니다. 그들은 그들 자신을 인격화된 대안으로 제시합니다. 그리고 받아들일 것을 요구하죠.

선생님께서는 유토피아의 역사가 전개되는 모습을 사냥터 지킴이, 정원사, 그리고 사냥꾼의 은유를 통해 묘사하고 계십니다. 사냥터 지킴이는 세계에 대한 전근대적인 입장을, 정원사는 근대적인 입장을 나타낸다고 말씀하시죠. 그런데 이제는, 후기 근대에서는 사냥꾼이 주된 역할을 합니다. 이런 유토피아는 근대 초기의 환상과 어떠한 차이가 있습니까?

예전에는 정원을 돌보거나 아름답게 가꾸는 일이 중요했습니다. 하지만 이제 그런 일은 더 이상 중요하지 않습니다. 사냥감이 얼마나 남아 있는지는 신경 쓰지 않고 자신의 사냥 주머니만 채우는 것이 중요하죠. 사회사학자Sozialhistoriker는 이런 변화를 개별화Individualisierung라는 개념 아래서 논합니다. 정치인은 이를 "규제완화Deregulierung"라고 부르면서 찬양하고요. 이전의 유토피아와 달리 사냥꾼의 유토피아는 진정한 의미든 거짓된 의미든 삶에 아무 의미도 부여하지 않고 삶의 의미에 대한 물음을 머릿속에서 몰아낼 뿐입니다.

하지만 새로운 유토피아는 희망찬 미래를 약속하면서 팔려 나갔습니다. 이런 유토피아는 무엇에 기반합니까?

여기서 중요한 것은 상호 보완적인 두 유토피아입니다. 하나는 자유 시장의 환상적인 치유력에 기반하고, 다른 하나는 무한한 기술적 복구 능력에 기반하죠. 양쪽 모두는 아나키즘적입니다. 의무가 없고 무엇보다 지배자가 없는 권리의 세계의 구상이죠. 둘은 만족의 보류와 미래의 안녕을 위한 희생에 맞섭니다. 세계의 즉흥성은 기원의 대상이 되고 미래에 대한 모든 염려를 터무니없는 것으로 만듭니다. 물론 이러한 염려에서 벗어나야 한다는, 염려 없이 행동할 수 있어야 한다는 염려는 여기서 쏙 빠지죠.

미래의 전개에 대한 긍정적인 환상은 더 이상 없다고 해도 과거에서 배울 수 있지 않을까요? 키케로Cicero의 말처럼, 역사는 "삶의 스승"입니다.

"역사는 스승Historia magistra"이라는 격언은 실망의 제물이 되었고, 그 대부분은 미래 관념에 대한 실망에 의해, 나머지 부분은 진보 관념에 대한 실망에 의해 희생되었죠. 대부분의 사람들은 변화의 가속화로 인해 좌절했습니다. 약속을 어기고 가던 길을 멈추는 모습을 보면서 저보다 훨씬 어린 사람들도 수없이 실망했습니다. 제가 젊을 적이나 어릴 적에는 미래는 계속되는 개선의 역사라는 믿음이 있었습니다. 올해보다 내년이 더 나을 것이라고, 역사에서 배움으로써 예전의 실수를 반복하지 않을 것이라고, 더 나은 기술을 개발할 것이라고, 옳은 일을 위해 더 나은 수단과 방법을 찾을 것이라고 생각했던 거죠. 내리막길이 아닌 오르막길을 걷게 될 것이라고, 그것이 미래의 역사라고 우리는 믿었습니다.

그리스와 로마의 고대 신화는 정반대였죠. 역사는 황금기에서 시작합니다. 그러나 금은 은으로, 은은 동으로 변하면서 점차 내리막길을 걷게 되고, 결국에는 철의 시대에, 비참한 오늘날에, 전적인 몰락과 타락의 상태에 이르게 된다는 겁니다.

근대 초기에 사람들은 위로 올라가고 있으니까 새로운 황금기에 이를 것이라는 생각을 했습니다. 그들은 완벽한 사회의 가능성을 꿈꾸었죠. 르네상스 초기인 15세기의 "보편적 인간uomo universale"인 레온 바티스타 알베르티Leon Battista Alberti는 완벽한 사회의 단계에 이르게 되면 더 이상의 변화는 악화일 수밖에 없다고 말했습니다. 그들은 실수로부터 많은 것을 배우고, 지혜로워지고, 기술로 무장하여, 종국에는 이처럼 완벽한 상태에 도달할 것이라고 생각했죠. 완벽은 개선의 불가능성, 역사의 종말을 의미합니다. 그리하여 평화로운 시대가 다가오고 지난 세대의 노력에서 과실을 수확할 수 있을 것이라고 믿었던 겁니다. 정신이 멀쩡한 사람이라면 이제 이런 기대는 하지 않을 겁니다. 하지만 우리는 잘못된 과거보다 방치되어 있거나 포기해버렸거나 그저 잊힌 지난날의 이념을 다루어야 하는 것일지도 모릅니다. 한번 시도해본 게 이제 막 나오는 것보다 더 나을 수도 있어요.

그래도 우리가 현재의 상황에 대한 이해만큼은 제대로 하고 있는 걸까요?

오늘날 발생하고 있는 일에 대한 일관된 이론이 있다고 생각하지 않습니다. 우리는 어둠 속에서 여기저기 더듬고 있는 겁니다. 제가 새로 낸 책도 지금 일어나고 있는 일에 대한 정확한 기술도, 추세를 파악하고자 하는 시도도, 다가오는 것에 대한 예상도 아닙니다. 말씀드렸던 것처럼 제목은 『레트로토피아』입니다. 요즘 유행하고 있는 "레트로retro"에 "유토피아Utopie"를 붙여 만들어낸 조어죠. 유토피아는 언제나 미래에 머물러 있었습니다. 하지만 미래는 더 이상 매력적이지 않습니다. 미래는 리스크와 위험 그리고 도전으로 가득합니다. 예측할 수도 통제할 수도 없는 불확실한 시기입니다. 상황이 어떻게 흘러갈 것인지, 예방을 위해 어떤 조치를 취해야 하는지, 이제 어떤 일을 해야 하는지 우리는 알지 못합니다. 우리는 진보 관념에 대한 믿음을 잃었습니다. 진보는 더 이상 기쁨을 선사하지 않습니다. 그 대신 근심을 끼치죠. 저 또한 진보 때문에 근심하고 있어요. 저는 변화를 따라갈 능력이 없습니다. 저도, 제 직업도 잉여가 되어 쓸모를 잃게 될 수 있습니다. 너무나 많은 일자리가, 너무나 많은 직업이 이미 전산화되었습니다. 이제 자동차 공장에는 노동자가 거의 없습니다. 미래의 공장에 관해 어떤 농담이 돌고 있는지 아십니까?

아뇨.

미래의 공장에는 남자 한 명과 개 한 마리, 이렇게 두 생물체밖에 없다는 거죠. 남자는 개에게 먹이를 주고 개는 인간이 뭔가 건드리지 않는지 감시한다고 합니다. 이 농담은 널리 퍼져 있는 느낌을 포착하고 있습니다. 점점 더 많은 일자리가 사라지고 있고 컴퓨터와 로봇이 그 자리를 넘겨받고 있습니다. 인간 사이의 경쟁이 아닌 거죠. 지적 작업의 전산화도 심각한 시그널입니다.

선생님께서는 유토피아가 미래에 머물러 있다고 말씀하십니다. 그런데 책 제목에는 왜 "레트로"가 있나요?

많은 이들은 안전하고 안정적인 낙원이 과거에 놓여 있다고 믿습니다. 그곳이 그리운 고향이라는 거죠. 과거의 유토피아에 대한 여러 종류의 글이 나오고 있습니다. 하지만 과거와 미래 사이의 경계선이 지워져 있다는 사실을 대중들은 알아채지 못하고 있죠. 미래와 과거 사이에는 차이가, 실존적, 존재론적 차이가 거의 없습니다. 제가 젊을 적에는 말입니다, 그러니까 아주 옛날에는 말이죠, 미래는 알 수 없지만 자유로운 영역이고 과거는 안정적이지만 자유롭지 못한 영역이라고 모두가 한입으로 말했습니다.

우리는 과거의 여러 사건을 알고 있습니다 하지만 상상을 위한 공간도 여전히 많이 남아 있죠. 미래에 대한 표상처럼 과거에 대한 표상도 어느 정도는 픽션입니다.

조지 오웰은 소설 『1984』에서 무엇이 정치적으로 이용될 것인지 예언했습니다. 그가 묘사하는 전체주의 국가에서 "진리부Ministerium für Wahrheit"는 피지배 계급의 사고를 통제하기 위해 과거를 통제합니다. 오늘날 이는 "역사정치Geschichtspolitik" 또는 "기억의 정치Erinnerungspolitik"라고 불립니다. 여러 유럽 국가에 퍼지고 있는 현상이죠. 저는 정치인 사이에서 보이는 이와 같은 경향이, "역사정치"가 현재의 위태로움과 미래의 불확실성에서 유래하는 것이 아닌지 의심스럽습니다. 과거는 거대한 컨테이너입니다. 가능한 모든 것을 그 안에서 찾을 수 있죠. 방금 일어난 일을 수확한 후에 다른 모든 일을 채워 넣을 수도 있습니다. 결과적으로 동일한 역사의 수많은 버전이 생겨나게 됩니다. 역사적 기억은 특정한 정파적 이익을 위해 선택적으로 이용됩니다. 이는 현재 일어나고 있는 일입니다. 역사서술자 Geschichtsschreiber에 대한 역사학자 레오폴트 폰 랑케의 요구를 정면으로 거스르고 있죠. "본래대로" 기록하라는 요구를 말입니다.

불가능한 일입니다.

실제 일어난 대로 역사를 서술하는 것은 당연히 불가능합니다. 모든 역사적 서사는 선택적입니다. 이를 달리 이해하기는 어려울 겁니다. 호르헤 루이스 보르헤스Jorge Luis Borges가 쓴 『기억의 천재 푸네스』라는 짧은 이야기를 기억하시나요? 푸네스라는 이름의 한 남자는 말에서 떨어집니다. 그리고 상당히 희귀한 병을 앓게 되죠. 그는 일반화하는 능력을 잃어버리고 일반화된 진술도 더 이상 할 수 없게 되죠.

하지만 삶의 매일매일을 세세하게 기억하겠네요.

하지만 왜 달리는 개와 앉아 있는 개를 '개'라는 동일한 개념으로 지칭하는지 이해하지 못하죠. 결과적으로 서사는 그에게 불가능한 것이 되어버립니다. 사건 자체의 시간적 경과에 맞추어 이야기를 구성하게 되면 이야기는 이야기할 수 없는 것이 될 테니까요. 그런데 오늘날 이런 일이 실제로 벌어지고 있습니다. 미래에는 경악스러운 요소들이 셀 수 없이 많기 때문에 미래에 관해 깊이 생각하다 보면 우리는 혼돈을 목격하게 됩니다. 그리고 돌아보는 때에도 같은 상황에 빠지게 되죠. 제가 "레트로"라는 이름을 붙인 것이 이 때문입니다. 커다란 바구니에 물건이 가득하고 어떤 물건이든 꺼내서 쓸 수 있습니다. 어떤 이유에서든 그 누구든 간에 과거에 침잠하는 사람이라면 바구니에서 다양한 소득을 얻어오게 됩니다. 저는 『레트로토피아』에서 이러한 이념을 나름대로 정리해보려고 했습니다. 하지만 단순하게 정리되는 건 하나도 없더라고요. 주제 사라마구José Saramago는 이에 관해 매우 아름다운 글을 적었습니다. 그는 제가 존경하는 소설가 중 한 명이자 제 생각에는 중요한 철학자이기도 합니다. 그의 소설을 하나의 철학적 입장으로 볼 수도 있죠. 그는 자신의 일기에 저도 느꼈던 감정을 적습니다. 그때 그의 나이가 여든여섯이었는데요, 삶을 돌아보는 때면 서글픔을 느꼈다고 합니다. 그에게는 약간이나마 지혜로운 생각이 있었고 그 생각을 다른 사람들과 나누고 싶었지만 그럴 수가 없었다는 거죠. 그 생각을 내놓았지만 받아들이는 사람은 아무도 없었어요. 아무런 영향력도 없었죠. 그는 자신에게 노골적으로 묻습니다. '나는 왜 생각할까?' 우리가 생각하는 것은 땀을 흘리는 것과 마찬가지라고 그는 대답합니다. 우리가 생각을 막을 수는 없다는 건 변함없는 사실입니다. 제가 생각하는 이유도 바로 이겁니다. 제가 바꿀 수 있는 건 없습니다. 이는 오래도록 평생토록 계속되는 훈련입니다. 정말로 혹독한 훈련이죠

선생님께서는 무엇에 가장 몰두하시고 무엇을 걱정하십니까?

말은 어떻게 행동이 되는가. 제가 결코 놓칠 수 없는 문제입니다. 커져가는 불평등에 어떻게 대응할 수 있는가. 제 가슴 가장 깊은 곳에 자리잡은 문제죠. 아주 흥미로운 현상입니다.

9

현재와 미래

GEGENWART UND ZUKUNFT

인간쓰레기: 근대 사회의 마녀는 누구인가

선생님께 유행은 소비사회가 우리를 통해 만들어내는 것의 한 예입니다. 좋은 건 아니지 않나요?

방금 구입한 모든 것을 금세 다시 버려야 한다는 것이 유행의 핵심입니다. 아직 입을 수 있는 좋은 옷이 있어도 유행이 지나버리면 입고 다니기 부끄럽습니다. 직장 상사는 그런 옷을 보고 이렇게 말하겠죠. '옷차림이 대단하네요!' 지난해의 스니커즈를 신고 학교에 가는 아이는 비웃음을 당하죠. 순응하라는 압력이 있는 겁니다. 유행을 따르는 사람은 역설적으로 자신이 대중과 다르다고 생각합니다.

유행은 소비사회가 쓰레기를 얼마나 전문적으로 생산하는지 보여줍니다. 하지만 아주 나쁜 예라고 볼 수는 없죠. 더욱 심각한 것은 선생님께서 말씀하시는 "인간쓰레기의 생산"입니다. 선생님께서는 실업자를 왜 쓰레기에 포함시키십니까?

아무도 그를 필요로 하지 않는다면 난민의 삶과 같이 그의 삶은 쓸모없기 때문입니다. 이는 세계화이자 경제적인 진보의 결과입니다. 자본주의의 개선 행렬은 전세계를 누비고, 행렬이 지나간 자리에서 수많은 사람들이 일자리를 잃습니다. 실업자의 수는 끊임없이 증가하고 곧 지구가 감당할 수 없을 정도에 이를 것입니다. 자본시장 정복의 최전선에 뒤이어서 자신의 부동산과 일자리 그리고 사회안전망을 빼앗긴 남성과 여성은 군단을 형성합니다. 그들 군단의 인원은 이제 수천에서 수백만에 이릅니다. 이는 새로운 형태의 하층민을, 실패한 소비자 계층을 만들어냅니다. 사회에는 그들의 자리가 더 이상 없습니다. 그들을 데리고 갈 곳도 마땅치 않습니다. 쓰레기 매립지는 부족해지고 남아도는 노동력을 수출할 지역도 이제는 없거든요. 우리의 사회민주주의는 이러한 가능성에 오랫동안

151

의존하였고 이로써 성과를 이루었던 거죠. 이제 지구의 마지막 귀퉁이까지 사람들로 들어찼습니다. 오늘날의 위기는 이처럼 새로운 모습을 보입니다.

우리에게서 피난처를 찾는 난민의 경우는 어떻습니까?

공식통계상 이미 1950년에 백만 명의 난민이 있었습니다. 대부분은 제2차 세계대전으로 인한 흔히 말하는 국외추방자Heimatvertriebene였죠. 유엔의 보고에 따르면 오늘날 그들의 수는 6천5백만에 이릅니다. 2050년이 되면 10억 명의 난민이 추방을 당하고 무인지대의 임시 수용소로 보내질 것으로 추산됩니다. 난민, 이민자, 소외자, 이들은 갈수록 더 많아질 것입니다.

이것이 일시적인 현상이 아니라는 것을 어떻게 알 수 있나요?

난민 수용소에 배정된다는 것은 세계와 인류에서 추방된다는 것을 의미합니다. 난민은 남아돌 뿐만 아니라 쓸모도 없습니다. 잃어버린 고향으로 돌아가는 길은 막혀 있습니다. 난민수용소의 수용자는 자신의 정체성에서 비롯되는 모든 특징을 빼앗깁니다. 예외적으로 남게 되는 것은 단 하나, 그가 난민이라는 사실 뿐이죠. 그에게는 국가도, 가정도, 직업도, 그리고 그 어떤 문서도 남아 있지 않습니다. 그는 오랫동안 소외되어 있습니다. 그리고 세계화 시대의 난민에 대한 연구에서 프랑스 인류학자 미셸 아지에Michel Agier가 확인한 바와 같이, 법이 닿지 않는 영역에, 이런저런 국가의 이런저런 법이 아닌 법 일반의 바깥에 서게 됩니다.

난민 수용소는 "유동하는 근대"의 새롭고 잠정적인 삶의 형태가 시험되는

실험실과 같은 곳이라고 선생님께서는 말씀하십니다.

금융업과 대기업의 새로운 권력 엘리트는 오늘날의 무대에서 진정한 악역을 맡고 있죠. 세계화된 세계에서 난민 신청자와 소위 경제난민은 저들 악역의 총체적인 거울상입니다. 엘리트와 마찬가지로 이들 또한 일정한 장소에 매여 있지 않습니다. 불안정하고 예측할수 없죠.

오늘날 대부분의 전쟁은, 그중에서도 가장 잔혹한 전쟁은 비국가단체에 의해 촉발됩니다. 이로써 전쟁은 규율의 범위에서 벗어나게 되죠. 이런 현상은 세계화가 초래한 또 다른 재앙적 결과라고 선생님께서는 말씀하십니다. 행위자는 누구인가요?

그 자리에 근대의 지각생이 있습니다. 그들은 강박에 시달리는 자들과 주도적으로 움직이는 자들로 나뉩니다. 하지만 전지구적 문제에 대해 지역적 해법을 찾아야 한다는 생각만큼은 공통적으로 가지고 있죠. 그 결과 부족 간의 전쟁이 벌어지고 대량학살이 일어납니다. 게릴라 부대나 범죄집단은 자유의 투사임을 자처하면서 약탈을 일삼고요. 그들은 서로를 도살하면서 넘쳐나는 인구도 흡수합니다. 인구과잉의 문제도 한꺼번에 처리하는 거죠. 일할 기회가 없거나 삶의 의미를 잃어버린 젊은이가 대부분입니다. 이것이 전지구적 문제에 대한 지역적 해법입니다. 무의미하고 뒤틀려 있죠. 이는 짧게 말해서 불행한 남성의 제국주의입니다. 수없이 많은 인간이 자기 집에서 쫓겨나고, 살해당하고, 그 나라에서 추방됩니다. 후발국에서, 흔히 말하는 개발 도상국에서 유일하게 번성하고 있는 산업은 바로 난민의 대량생산입니다.

정부는 이런 "세계화의 부산물"에 관해 무엇을 할 수 있고 무엇을 해야 하나요?

정부가 전지구적 권력 엘리트에 맞서 얻어낼 수 있는 성과는 전혀 없습니다. 따라서 그들은 자신의 행위능력을 증명하면서 대중에게 호소할 수 있는 다른 주제에 몰두합니다. 세력 범위 내의 문제가 관건입니다. 정부는 외국인과 추방자에 대한 대중의 선입견을 조장합니다. 정부는 유권자가 가지는 실존적 불안의 진정한 원인을 직시하고 싶지 않으니까요. 이제는 난민신청자가 전설 속의 마녀와 마귀 그리고 유령의 역할을 맡고 있죠.

선생님께서는 이런 전개 과정에서 사회국가는 안보국가가 되었다고 말씀하십니다. 둘의 차이는 무엇인가요?

사회국가에는 포용에 기반하는 사회가 있습니다. 이와 정반대로 안보국가의 핵심은 처벌과 구금을 통한 사회에서의 배제입니다. 인간쓰레기의 처리권한은 보안산업이 거머쥡니다. 미국, 영국, 캐나다, 호주, 그리고 남아공에 있는 사기업이 운영하고 이윤을 추구하는 교도소가 이에 속하죠.

현재 유럽 전역을 장악하고 있는 우익정당은 공포감을 조장하는, "인구과잉"을 말하는, 그리고 "망명"과 "테러"를 연결하는 미디어에 의해 뒷받침을 받으면서 안보국가로의 전개를 가속화하고 있습니다. 그럼에도 진짜 문제는 따로 있죠. 이민의 경우에는 상황이 어떻습니까?

극우정당의 득세는 이민이라는 분명한 사실에 기반합니다. 그리고 모든 것을 이민의 탓으로 돌리죠. 실업이 왜 발생하는가? 이민 때문이다. 학교교육이 왜 이렇게 엉망인가? 이민 때문이다. 범죄율이 왜 증가하는가? 이민 때문이다. 그들을 본국으로 송환하기만 하면 모든 문제가 사라진다. 망상이죠. 이민자는 기껏해야 수천, 많아봐야 수십만입니다. 불안에는 이민자보다 더 중요한 이유가 있지만 이런 전략이 먹혀듭니다. 심리적인 위안을 주거든요. 나를 괴롭히는 것이 무엇인지 알면 자신의 공포를 고정시킬 수 있다는 겁니다.

이민자가 경제적 불안에 대한 화풀이의 대상이 되는 셈이네요?

거기서 끝나지 않죠. 다른 불안에 관해서도 이민자에게 화풀이를 합니다. 근대 국가는 품속에 있는 국민에게 가능한 모든 위협에 대한 보호를 약속합니다. 그런데 불법이민자는 그 모든 위협을 체화하고 있죠. 연쇄살인마, 노상강도, 스토커, 거지, 소아성애자를 포함한 그 누구든 활개를 치게 된다는 겁니다. 그중에는 당연히 테러리스트도 있고요. 어떤 직역과 어떤 산업의 장기적 유용성도 확신할 수 없고 이 때문에 시장가치도 확신할 수 없는 사회에서 이런 하층민은 엄청나게 유용합니다. 그들에게 모든 것을 떠넘길 수 있고, 바꿀 수 없는 사회적 상태에 대한 분노도 그들을 향해 배출할 수 있기 때문입니다. 인간의 악함과 악행에 대한 불안이 오늘날을 지배하고 있습니다.

미래에 대한 선생님의 묘사는 암울합니다. 선생님께서는 인터넷 같은 근대의 기술도 그리 달가운 것은 아닙니다. 하지만 인터넷에는 긍정적 측면도 여럿 있습니다. 아랍의 봄과 같은 민주화 운동은 소셜 미디어를 효과적으로 이용했으니까요. 부정적 측면은 무엇인가요?

무언가를 파괴하고 정권을 무너뜨리는 데에는 유용하죠. 하지만 그런 운동에는 약점이 있습니다. 붕괴 이후의 구체적 계획이 없거든요. 저항하는 인간이 모이면 거의 전능한 파괴부대가 됩니다. 그러나 그들의 건설적인 능력은 아직 증명되지 않았습니다.

인터넷은 전세계적인 소통을 가능하게 할 뿐만 아니라 우리가 소통하는 방식도 바꿉니다.

오늘날 우리는 하루 24시간, 일주일의 7일, 언제 어디서든 누군가와 연락할 수 있다는 느낌을 받습니다. 컴퓨터 앞에 앉아 있는 사람을 끊임없이 발견할 수 있죠. 혼자 있을 틈이 없습니다. 하지만 오프라인에서는 컴퓨터 앞에서 얻을 수 없었던 경험을 얻게 됩니다. 퇴근길에서는 가능한 모든 부류의 사람을 마주하게 됩니다. 다른 모습을 하고, 다른 방식으로 행동하고, 다양한 언어를 사용하는 낯선 사람을 말입니다. 자신과 같지 않은 사람들에 둘러싸여 있다는 점을 의식하게 됩니다. 세계에 대한 그들의 시선과 관념은 자신의 것과 같지 않습니다. 그들과의 논쟁에는 대화가 필요합니다. 그리고 이런 타협은 어떻게든 해내야 하는 중요한 과제라는 것을 깨닫게 됩니다. 인터넷에서는 그렇지 않죠. 모든 연구가 인터넷으로 소통하는 사람은 같은 의견을 가진 사람을 고른다는 것을 보여줍니다. 어쨌든 그럭저럭 의견이 맞기 때문에 타협할 필요가 없는 거죠. 그들은 그들 자신을 위해 현실의 삶에서는 만들어 낼 수 없는 것을 만들어냅니다. 저는 이걸 반향실Echokammern이라고 부릅니다. 이름이 말해주듯, 반향실 안에서 들리는 모든 소리는 자신이 했던 말의 반향입니다. 그러나 내가 했던 말을 똑같이 반복하는 사람들과 말하는 것은 대화가 아닙니다. 거울로 도배된 방에서도 같은 현상을 볼 수 있습니다. 어느 곳을 보아도 자신의 거울상이 보이는 거죠. 인터넷에서 많은 시간을 보내는 사람은 친구들로 이루어진 네트워크 너머에 있는 현실을 무시합니다. 이로써 상당한 위안과 편안함을 느낀다는 것이 제 생각이고요. 자신은 옳고 다른 사람은 모두 그르다는 착각 속에 살면서 안전함을 느낍니다. 다른 사람이 존재하지만 중요하지는 않죠. 인터넷 안에서 싸움에 말려들게 되면 그냥 나가버립니다. 타협할 필요가 없습니다. 현실의 삶에서는 문제가 그리 간단하지 않습니다. 인터넷은 한편으로는 전세계 사람을 모으지만 다른 한편으로는 사람들을 갈라놓기도 하는 도구입니다. 이처럼 분열을 만들어내는 편파성의 참호는 인간 대 인간으로 논쟁하면서 타협을 이끌어내는 현실의 삶의 참호보다 더 깊은 곳에 있고 정복하기도 더 어렵습니다.

기술의 진보는 사회를 끊임없이 바꿔 왔습니다. 하지만 선생님께서는 이는 오늘날 그 이상의 의미를 지닌다고 말씀하십니다. 왜 그렇습니까?

우리는 더이상 목적의 달성을 위한 최선의 수단을 손에 넣기 위해 기술을 개발하는 것이 아니기 때문입니다. 이제는 수단이 기술을 지배하고 우리의 목적이 무엇인지 정합니다. 우리는 원하는 것을 하기 위해 수단을 개발하지 않고 수단이 가능케 하는 것을 합니다. 우리를 모셔야 하는 것들이 우리를 부려먹고 있죠. 우리는 그들의 노예입니다.

하지만 항상 그랬나요? 바퀴의 발명에서 핵분열까지의 모든 기술적 진보는 다양한 방식으로 좋거나 나쁘게 사용되었습니다.

정도의 문제입니다. 당연히 기술은 우리가 살아가는 방식에 영향을 미칩니다. 그리고 이런 변화가 비판적으로 수용되는 경우도 종종 있었습니다. 구텐베르크Gutenberg가 인쇄기계를 발명했을 때를 예로 들 수 있습니다. 이것이 도덕적 곤궁을 초래한다는 시각이 교양인 사이에 퍼졌고 이제 누구나 글 읽는 법을 배우게 될 것이라는 불평이 터져 나왔어요. 신분이 낮은 사람은 읽는 법을 배우게 되면 노동 의욕을 잃기 때문에 그 어떠한 교육도 받아서는 안 된다고 생각했으니까요.

인터넷도 같은 경우죠. 인터넷 덕분에 가난한 지역에 사는 수백만의 사람이 이전과는 달리 이제는 교육에 접근할 수 있습니다. 그렇다면 어떤 부분이 불만이신가요?

역사에 비추어볼 때 기술의 발전은 점진적으로 이루어졌습니다. 이곳저곳에 존재했던 혁신은 전지구적이거나 혁명적이지 않았으며 생활방식을 전적으로 바꾸어 놓지도 않았습니다. 혁신은 흡수와 적응의 과정을 거칠 수 있었고 이로써 일상이 되었습니다. 오늘날은 상황이 다르죠. 기술을 통한 변화는 거대하고 전체주의적 흐름을 보입니다. 러시아 과두정의 일원인 드미트리 이츠코프Dmitri Itskow는 자신의 "이니셔티브 2045"를 통해 인간의 두뇌를 불필요하게 만드는 연구 프로젝트를 발표했습니다. 그는 전자기계의 개발을 재정적으로 지원하는데요, 그 기계는 인간처럼 생각할 수 있다고 합니다. 그 현실성에 대해서는 뭐라 말할 수가 없습니다. 하지만 이런 식으로 생각한다는 사실은 새롭습니다. 우리의 생각이 처음으로 기계에 의해 위협을 당하고 있습니다.

선생님께서는 미래는 예견의 대상이 아니라고 주장하십니다. 그럼에도 지금 여기서 무엇을 해야 하는지 제대로 결정하기 위해서는 예측이 중요하지 않습니까?

하지만 예언은 불가능합니다. 제가 좋아하는 예가 하나 있는데요, 소련학이라고 불렸던 강단학문의 분과입니다. 다행히도 오늘날은 사람들의 기억에서 사라졌습니다. 소련학은 연구비를 감축당할 이유가 없었습니다. 분과학문의 경우에는 역사상 유일한 경우죠. 얼마나 많은 교수자리를 원하든 간에, 얼마나 많은 전문지를 원하든 간에, 또 얼마나 많은 학회를 원하든 간에, 소련학 연구자는 원하는 모든 것을 얻었습니다. 재정 부족은 생사의 문제였기 때문에 이 문제로 고생할 필요가 없었어요. 정부와 기업 모두 이런 흐름을 거스를 수는 없었어요. 소련학은 실제적인 목적에 이바지했기 때문입니다. 인류를 멸절의 위험에서 구해낸다는 거죠.

냉전 시기였네요.

그렇기는 합니다. 그런데 어떤 일이 벌어졌죠? 소련학의 그 모든 학회와 교수자리 그리고 전문지에도 불구하고 이후에 벌어졌던 일을 제대로 예견했던 소련학자는 단 한 명도 없었습니다. 소련의 평화로운 붕괴를 말입니다. 이런 가능성을 예견하지는 못했습니다. 모든 소련학자가 고려했던 것은 수렴이론Konvergenztheorie과 상호파괴이론Theorie der gegenseitigen Vernichtung이라는 두 이론이었으니까요. 수렴이론은 자본주의자는 공산주의자에게, 공산주의자는 자본주의자에게 배우게 되고, 이로써 두 체제는 구별이 불가능하게 될 때까지 지속적으로 서로에게 근접하게 된다고 말했습니다. 모종의 전세계적 컨센서스로 끝을 맺게 된다는 겁니다. 다른 이론에는 "매드MAD"라는 이름이 붙었습니다. "상호확증파괴mutually assured destruction"의 줄임말이죠. "공포의 균형Gleichgewicht des Schreckens" 또는 "핵 균형Atompatt"이라고 부르기도 합니다. 이 경우 양 체제는 무척 공고해서 양측의 몰락과 함께 전쟁이 끝납니다. 공산주의가 체제 고유의 불합리성과 어리석음으로 인해서, 그리고 자신의 약속을 지키지 못하기 때문에 주저앉을 것이라고 예언했던 소련학자는 단 한 명도 없었습니다. 공산주의의 총성 없는 몰락을 말입니다. 공상적인 작가나 자칭 예언가 중에는 이런 가능성을 다루었던 사람이 간혹 있었습니다. 하지만 소련학이라는 학문분과에서는 그런 사람이 전혀 없었어요. 소련학자에게는 이런 가능성이 비현실적이었던 겁니다.

하지만 소련학자의 사례가 미래를 예견하려는 모든 시도에 반드시 적용되는 것은 아니지 않습니까?

적용됩니다. 논리적인 근거가 있어요. 레셰크 코와코프스키는 이를 아주 분명하고 아름답게 표현했습니다. 미래학은 사고의 역사에서 가장 큰 사기 중의 하나라고 그는 말합니다. 미래학은 존재하지 않을뿐더러 존재할 수도 없는 것에 대한 학문이 되려고 하기 때문이죠. 미래는 사전적인 정의에서 존재하지 않는 것입니다. 그리고 존재하는 미래는 더이상 미래가 아닌 현재입니다. 무에서 끌어낼 수 있는 학문이 없는 것처럼던 미래에 대한 학문도 불가능합니다. 우리가 어리석거나 무능해서가 아닙니다. 이는 원칙적으로 불가능해요.

미래학을 비웃는 사람들은 예언은, 무엇보다 미래에 대한 예언은 어렵다고 말합니다.

제가 아직 가르치고 있던 때의 이야기입니다. 시험기간이 다가오면 학생들은 초조함에 시달리고 온갖 일이 벌어지죠. 그럴 때면 저는 기분을 전환시키고 긴장을 풀어주려고 학생들에게 읽을거리를 정해줍니다. 20년 전에 나온 미래학 서적을 추천했죠. 그런 책을 읽으면 웃지 않을 수가 없습니다!

그러나 존재론적 이유로 인해 미래에 대한 예언이 불가능하다는 사실도 우리를 막지 못합니다. 미래에 대한 예언은 끊임없이 반복되죠.

우리는 그런 시도를 결코 멈추지 않을 겁니다. 우리는 이런 충동을 가지고 있고 이를 해야 합니다. 다른 철학자와 마찬가지로 인간은 본능적으로, 그리고 문화로 인해 미래지향적인 존재라고 에른스트

블로흐Ernst Bloch는 주장합니다. 동물과 달리 우리는 존재하지 않는 것을 상상할 수 있습니다. 우리는 나아가 언어 속에서 "아니Nein"라는 단어를 인식합니다. 이는 동물과 달리 우리가 실제로 존재하는 것을 부정할 수 있다는 것을 의미합니다. 동물은 신호를 주고받으며 소통합니다. 하지만 그 모든 것은 현재에 머무르죠. 이와 달리 우리의 언어에는 미래시제가 있습니다. 덕분에 우리는 비웃음을 당할 필요 없이 진지한 태도를 취하면서 존재하지 않거나 아직 존재하지 않는 것에 대해 말할 수 있습니다. 상상력은 인간적인 삶의 필수불가결한 전제조건입니다. 그리고 상상력은 미래시제 덕분에 존재합니다. 미래를 예언하려는 노력을 인간의 사고에서 제거할 수는 없습니다.

끊임없이 실패하는 경우에도 말입니다.

노력의 결과가 아니라 노력 자체가 중요하다는 점을 우리가 받아들이면 좋겠어요. 이런 노력은 삶에서 커다란 의미를 가집니다. 하지만 어떤 시도가 반드시 만족스러운 결과로 이어질 것이라는 생각은 잘못된 것이죠. 미국의 사회학자 로버트 머튼Robert Merton은 "자기실현적 예언sich selbsterfüllende Prophezeiung"과 "자기패배적 예언sich selbstzerstörende Prophezeiung"이라는 개념을 우리의 사고 안으로 들여왔습니다. 그리고 이 개념은 실제로 작용합니다. 우리의 행동은 결과로 이어져서 어떤 예언을 증명하거나 무너뜨리죠.

그사이 이를 뒷받침해주는 증거가 많이 등장했습니다. 아서 코난 도일Arthur Conan Doyles의 소설 『바스커빌 가문의 개』에서 이름을 따온 "바스커빌 효과"가 자기실현적 예언의 한 예입니다. 중국과 일본의 문화에서는 4가 불길한 숫자이기 때문에 매월 4일이 되면 중국계와 일본계 미국인이 심장질

환으로 인하여 사망하는 빈도가 현저히 증가한다는 겁니다. 이와 반대로 자기패배적 예언에 대해서도 하나의 예를 들 수 있습니다. 어느 대중정당이 선거 이전에 자신의 압도적인 승리를 예언한다면 상당수의 지지자는 승리를 분명한 것으로 여기게 되고, 결국 이들이 선거에 참여하지 않는 상황이 발생할 수 있습니다. 하지만 성경의 예언은 이와 전혀 다른 것을 의미하지 않습니까?

대학교수와는 달리 성경에 등장하는 모든 진정한 예언자는 예언의 진실성을 증명하려고 하지 않았습니다. 반대로 그들은 사람들에게 경고의 메시지를 보내고 나쁜 일이 일어나지 않도록 힘을 쓰려고 했습니다. 대학교수는 끔찍한 일이 벌어진 경우에도 예언만 실현되면 자랑스럽게 여깁니다. 승진을 하게 되니까요!

선생님께서는 오늘날의 우리 사회에 대해 매우 비판적인 입장을 취하고 계시죠. 선생님 곁에서 마르크스주의자의 모습이 자꾸만 아른거립니다. 선생님께서는 한때 마르크스주의자셨죠.

저는 마르크스에게 상당히 많은 것을 배웠습니다. 그리고 사회주의적 이념을 여전히 고수하고 있습니다. 한 사회에 대해 판단하기 위해서는 그 사회의 가장 약한 구성원이 품위 있는 삶을 영위할 수 있는지 살펴봐야 한다는 거죠.

다른 한편으로 선생님께서는 비관주의자이십니다. 새로운 자본주의의 권력은 너무나 거대해서 대안을 위한 공간은 조금도 남아있지 않습니다. 그럼에도 절망해서는 안 되는가요?

대개는 강연이 끝나면 누군가가 손을 들고 제가 이토록 비관주의적인 이유를 묻습니다. 유럽연합에 대해서 이야기했던 때에만 다른 질문이 나왔어요. 제가 그토록 낙관적인 이유를 강연마다 묻더라고요. 낙관주의자는 철학자 고트프리트 빌헬름 라이프니츠Gottfried Wilhelm Leibniz처럼 이 세계를 "가능한 모든 세계 중의 최고의 것"으로 여깁니다. 그리고 비관주의자는 낙관주의자가 옳다는 점을 두려워합니다. 저는 둘 중의 어느 부류에도 속하지 않습니다. 제가 속하는 곳은 세 번째 범주입니다. 희망의 범주죠.

이는 무엇에 기반하나요?

비관주의와 낙관주의에 관해서는 두 가지의 태도가 있습니다. 하나는 안토니오 그람시의 태도입니다. 그는 이렇게 말했습니다. "나는 짧게 보면 비관주의자이지만, 길게 보면 낙관주의자이다." 상당히 현명하죠. 문제를 당장 해결할 수는 없습니다. 하지만 그럼에도 희망이 있죠. 길게 보면 문제를 어떻게든 해결합니다. 다른 태도는 카리브해 자메이카 태생의 영국 사회학자 스튜어트 홀Stuart Hall에게서 비롯됩니다. 그는 문화학의 창시자이자 문화의 관념을 형성하는 데에 엄청난 기여를 했던 흑인입니다. 제가 1971년에 영국으로 왔을 때만 해도 문화라는 관념은 거의 알려지지 않았어요. 그래서 제 학생이 아니라 동료에게 이것이 대체 무엇인지 설명해주어야 했습니다. 학계에는 문화라는 개념이 없었던 겁니다. 하지만 스튜어트 홀은 문화적 요소를 사회학적 사고 안으로 끌어왔습니다. 그는 이렇게 말했습니다. "나는 지식에 있어서는 비관주의자이고 의지에 있어서는 낙관주의자이다."

놀랍네요. 마르틴 루터Martin Luther가 떠오릅니다. "내일 세상이 몰락함을 알지라도 나는 오늘도 사과나무를 심을 것이다."

낙관주의자와 비관주의자 사이에 엄청난 차이가 있다고 생각하지 않습니다. 단순히 제가 모든 세계 중의 최고의 세계에 살고 있다고 믿지 않습니다. 그리고 모든 경험에도 불구하고 대안에 대한, 더 낫고 더 정의로운 세계의 가능성에 대한 믿음을 잃지 않았습니다. 이처럼 저는 낙관주의자도 비관주의자도 아닙니다. 저는 자신을 "희망하는 사람"으로 정의합니다.

전쟁 이후의 폴란드에 대한 부인의 비망록에 따르면 선생님께서는 사는 동안 여러 번 절망하셨다고 합니다. 1953년에는 군대 경력이 갑작스레 끝나 버렸고 1968년에는 반유대주의 운동의 물결 속에서 바르샤바 대학의 교수직을 잃으셨습니다. 그리고 영국 이민 초기에는 런던과 리즈에서 끔찍할 정도의 외로움을 느끼셨습니다. 그러나 부인께서는 이런 말씀도 하십니다. 선생님께는 좌절감을 명랑함으로, 작은 불행을 더할 나위 없는 행운의 기회로 바꾸어 놓는 흔치 않은 재능이 있다는 겁니다. 이런 재능은 어디서 비롯되었나요?

물론 "참담함을 명랑함으로 바꾸어 놓는 재능"이라는 것은 야니나가 자기 책에 적었던 생각입니다. 야니나는 그 문장을 통해서 제가 실패를 불가능의 증거로 받아들이지 않았다고 말하고 싶었던 것 같아요. 우리는 뭐든지 계속하고 다시 시도해야 합니다. 이번에는 실수를 해도 다음에는 더 잘하고 더 낫기를 바라야 합니다. 어두움을 명랑함으로 바꾸어 놓는 재능이라고요? 물론 저는 희망을 놓고 싶지는 않습니다.

선생님의 부모님께서도 그러셨나요? 어머니나 아버지께서는요?

저희 아버지는 놀라운 분이셨어요. 아버지에 대한 기억은 두 가지 이유에서 저에게 중요한 의미를 지닙니다. 첫 번째로 아버지는 과할 정도로 정직하셨고 지나칠 정도로 올바르셨습니다. 아버지의 정직함 때문에 저희는 포즈난에서 피난 오는 길에 목숨을 잃을 뻔

했습니다. 한번은 독일군의 폭격 때문에 저희가 탔던 기차가 역에서 멈추었습니다. 그런데 아버지는 검표원을 찾아서 푯값을 치르려 하셨고, 우리가 그전에 도망가기를 바라지 않으셨어요. 두 번째로 아버지는 사심이 없는 분이셨고 자신의 이익을 염두에 두지 않으셨어요. 아버지는 가족을 위해 전적으로 헌신하셨고, 힘이 닿는 한 저희를 위해 무슨 일이든 하셨어요. 하지만 힘이 닿지 않는 부분이 많았죠. 첫째로 여건이 되지 않았고, 둘째로 아버지의 성격이 주어진 상황에는 조금도 들어맞지 않았으니까요. 아버지는 사상가의 기질을 타고나셨어요. 아버지의 유일한 낙은 밤에 있었습니다. 이걸 어떻게 해내셨는지 저는 모르겠어요. 아버지가 직장에서 집으로 올 때면 저녁 아홉 시죠. 아이들은 잠자리로 가고 부인은 잠이 드는 시간인데 아버지는 초를 켜고 책을 읽으셨어요. 하지만 책에서 끌어낸 모든 것을 가족에 대한 걱정에 바치셨죠. 저는 아버지에게 희망이 있었다고 생각하지 않습니다. 아버지에게는 매우 두터운 의무감이 있었고, 이것이 아버지의 삶을 지탱했죠.

아버지처럼 선생님 스스로도 절망할 이유가 있어도 절망하지 않으셨습니다.

삶에서 절망할 이유는 저보다 야니나에게 훨씬 더 많았다는 사실을 잊으시면 안 됩니다. 저는 야니나처럼 게토에 있지 않았고 그저 도합 2주 동안만 나치 치하에서 살았을 뿐입니다. 그리고 그 이후로 나치를 마주한 때에는 제 손에 항상 소총이 있었습니다. 저는 절멸의 운명을 지닌 인간의 절망을 체험하지 않았습니다. 야니나는 체험했죠. 그녀는 대단했어요. 그녀는 1939년에서 1945년 사이에 여러 번, 아주 여러 번 직접적으로 죽음의 위협을 받았어요. 『바르샤바 수용소의 소녀로서Als Mädchen im Warschauer Ghetto』를 읽어 보시면 끔찍했던 수년 간의 기억을 마주하게 됩니다. 그랬던 순간들이 있어요. 한번은 어머니와 누이와 함께 지하실에 숨었는데 독일군 무리가 손전등을 들고 와서 지하실을 샅샅이 비췄어요. 빛은 점점 더 가까이 왔죠. 그리고 군인 중 한 명이 갑자기 외쳤어요. "됐어, 아무도 없어." 저는 그런 것을 전혀 경험하지 않았습니다. 제가 겪었던 모든 어려움의 순간들은 행복한 결말을 맺었어요.

선생님께는 "언더독Underdog"에 대한, 낙오된 사람과 사회적으로 차별을 받는 사람에 대한, 무엇보다 그럼에도 포기하지 않는 사람에 대한 특별한 애착이 있습니다. 이런 애착은 어디서 비롯되나요?

저의 지난날을 돌아보죠. 1937년 "폴로니아 바르샤바"라는 축구팀은 상위 리그로 올라가기 위해 용감하게 싸웠고 원하는 바를 이루었습니다. 그리고 폴란드 축구의 챔피언 자리를 수년 간 굳건히 지켰던 "루흐 초르조프Ruch Chorzów"라는 상대를 상대의 홈그라운드에서 4대0으로 물리쳤죠. 저는 그때부터 "폴로니아 바르샤바"를 좋아하기 시작했고 언더독에 대한 저의 애착도 이 축구팀에 대한 사랑에서 비롯됩니다. 우유통에 빠진 두 마리의 개구리에 대한 우화를 읽었던 것도 그때 즈음이었습니다. 한 마리는 이렇게 외쳤습니다. "이제 다 끝났어. 나는 빠져 죽을 거야." 곧장 그런 일이 벌어졌죠. 하지만 다른 한 마리는 입을 다물고 헤엄을 치면서 심연 위에서 버티는 절망적인 시도에 모든 에너지를 쏟아부었죠. 그 개구리는 수면 위에 떠 있는 버터 조각에 닿기까지 네 다리 모두를 흔들며 쉬지 않고 버둥거렸고, 버터 조각에 올라탄 후에는 뒷다리를 꼿꼿이 세워서 마침내 바깥을 향해 날아오를 수 있었습니다. 우연히 겹쳤던 이 두 사건은 철학적으로 큰 의미를 가지고 있었고, 제 삶에, 더 정확히는 제 인생철학에 큰 영향을 미쳤습니다. 그래요, 저는 싸우는 언더독을 좋아합니다. "폴로니아 바르샤바"에 대한 사랑은 먼발

치에서 싹텄던 것이고 제가 그들의 첫 경기를 보았던 건 그로부터 11년이 지나서였습니다. 그 팀은 제가 쏟아부은 감정에 후한 보답을 해주었습니다. 제가 팬이었던 시절에 "폴로니아 바르샤바"는 패자처럼 운명에 굴복하기도 했고 투사처럼 강한 의지를 보이기도 했습니다. 두 상태 사이를 주기적으로 오갔어요.

에른스트 블로흐식으로 불러도 된다면, 선생님의 "희망의 원리"가 미셸 우엘베크Michel Houellebecq에 대한 선생님의 존경과 어떻게 어울릴 수 있나요? 우엘베크는 동시대 작가 중에서 가장 침울한 것 같은데요?

제가 우엘베크를 높게 치는 건 그의 통찰력과 재능 때문입니다. 그는 특수한 것에서 일반적인 것을 찾아내고, 일반적인 것의 내적인 잠재력을 드러내고 추정합니다. 『어느 섬의 가능성Die Möglichkeit einer Insel, La possibilité d'une île』이 하나의 예입니다. 규제가 사라지고 파편화와 개별화가 진행된 이후 유동하는 근대의 사회에서 펼쳐질 디스토피아를 여태까지의 그 어떤 텍스트보다 더 통찰력 있게 묘사하죠. 그는 매우 회의적이고 어떤 희망도 품지 않습니다. 자신의 판단에 대해 괜찮은 근거도 여럿 제시하죠. 저는 그의 입장에 전적으로 동의하지는 않습니다만, 그의 논리에 대해 반박하기 어렵습니다. 오웰의 『1984』에 견줄 수 있는 디스토피아입니다. 오웰이 자기 세대의 불안에 대해 적었다면 우엘베크는 우리가 지금처럼 계속 살아간다면 이후에 벌어질 상황을 묘사합니다. 외로움과 이별 그리고 무의미한 삶의 종착역을 말입니다.

그렇다면 희망은 어디 있나요?

이후의 상황에 대한 우엘베크의 묘사에는 엄청나게 중요한 것이 빠져 있습니다. 우리는 누군가의 손에 이끌려 지금에 이르게 되었고

눈앞에 펼쳐진 전망은 암울하지만 정치의 무기력과 개인의 무기력에서 지금의 상황에 대한 모든 책임을 찾을 수는 없습니다. 바로 이런 이유로 우리는 지금도 되돌아갈 수 있습니다. 비관주의는 아무것도 바뀌지 않기 때문에 아무것도 하지 않는 수동성입니다. 하지만 저는 수동적이지 않습니다. 저는 책을 쓰고 생각합니다. 저는 열정적입니다. 저의 역할은 사람들에게 위험을 알리고 위험에 맞서 무언가를 하는 것입니다.

10.

행복과 도덕
GLÜCK
UND MORAL

좋은 인생: 꼭 끼는 신발을 벗는 것의 의미

선생님의 사고에서 책임이라는 개념은 중요한 역할을 합니다. 선생님께서는 "책임에 대한 책임"에 대해 말씀하십니다. 어떤 의미인가요?

우리가 하는 모든 것은 다른 인간의 삶에 영향을 미칩니다. 우리는 이것을 쉽게 잊어버리죠. 저는 이런 객관적인 책임에서 도덕으로 나아가는 발걸음을 "책임에 대한 책임"이라고 부릅니다.

우리는 언제나 옳은 것과 그른 것, 좋은 것과 나쁜 것 사이에서 결정을 해야 한다는 뜻인가요?

우리는 다른 이를 마주하는 순간, 선과 악이 무엇인지에 대한 대답이 떨어지기도 전에 선택의 기로에 서게 됩니다. 우리는 실존적으로 피할 수 없이 도덕적인 존재이고, 함께 살아가는 인간에 대해 책임을 지라는 요구를 받습니다. 우리는 이런 선택의 기로에서 양가적인 상황에 놓이게 됩니다. 도덕적인 삶은 지속적인 불확실성의 삶입니다. 자신의 책임에 대해 책임을 지는 것이 도덕적인 존재의 의미입니다.

이런 양가성을 다루는 근대적인 방식은 근대 이전의 방식과 어떤 점에서 다릅니까?

전근대인이 떠올렸던 방식은 아주 종교적이었습니다. 그들은 죄Sünde에 대한 용서를 빌면서 잘못된 결정으로 인한 심적 부담을 소급적으로 덜었습니다. 이와 달리 이성적인 계획에 따라 세계를 개조하려고 했던 근대의 프로젝트는 죄에서 자유로운 삶을 약속했습니다. 세계는 죄인만이 아니라 죄 자체에서 자유로워야 했습니다. 그 자리에 책임Schuld이 들어섰죠. 그리고 책임은 입법의 영역이 되었습니다.

근대의 윤리는 후기 근대의, 그러니까 선생님께서 묘사하신 "유동하는 근대"의 윤리와 어떤 점에서 다릅니까?

전통적인 윤리에서는 규율의 준수가 중요했습니다. 이와 달리 후기 근대의 윤리는 각자에게 자신의 행위에 대한 책임을 요구합니다. 인간은 선과 악에 대해 스스로 결정해야 하는 방랑자가 됩니다. 오늘날 인간 사이의 관계가 소비주의적 모습을 띠지 않았다면 이것도 괜찮았을 겁니다.

선생님께 영향을 미친 두 윤리학자는 도덕적 행위의 고유한 특징에 대해 논했습니다. 덴마크의 철학자이자 신학자인 크누드 뢰그스트룹Knud Løgstrup은 이것이 숙고하지 않는 "즉흥성"을 전제한다고 말했습니다. 그리고 프랑스와 리투아니아의 철학자인 에마뉘엘 레비나스Emmanuel Levinas에게 도덕적으로 행위해야 하는 이유에 대한 숙고는 도덕적 행위의 끝을 의미했습니다. 도덕의 필요성에 대한, 아니면 도덕의 순전한 유용성에 대한 물음은 잘못된 것인가요?

두 사람 모두 그렇게 말합니다. 도덕적인 행위는, 타인을 위한 존재는 목적의 달성에 결코 도움이 되지 않습니다. 이는 이익에 대한, 존경이나 대중의 갈채에 대한 기대와 무관합니다. 도덕적 행위는 개인의 자유로운 결정을 전제하기 때문에 도덕은 "강제적인 의무Muss"와 무관합니다. 계산하지 않고, 숙고하지 않고, 즉흥적으로 결정하는 때에만 인간성의 행위를, 도덕적인 행위를 할 수 있습니다. 옳은 결정만이 아니라 그른 결정 또한 할 수 있는 지식이 곧 도덕의 터전입니다.

그러니까 도덕은 의무감에서 비롯되는 것이 아니라 타고나는 것이죠.

"내가 왜 도덕적으로 행동해야 하지?", "그럼 나를 위해 누가 무엇을 할까?", 그리고 "내가 왜 남들은 아무도 하지 않는 일을 해야 하지?" 레비나스는 도덕적인 행위는 이런 질문에서 시작되지 않으며 이런 질문은 도덕적인 행위의 끝을 알린다고 말합니다. 뢰그스트룹은 규율이 선한 행위를 명하는 경우에도 규율의 이행은 도덕적인 행동이 아니라고 말합니다. 도덕적인 행위는 자유로운 결정을 전제합니다. 이는 배려의 문제이자 타인을 위한 존재의 문제이고 타인을 도우려는 반사적인 충동의 문제입니다. 크누드 뢰그스트룹은 핀Fünen 섬에 있는 작은 교구의 목회자였고 이후에는 오르후스 대학교의 윤리학과 종교철학 교수가 됩니다. 에마뉘엘 레비나스는 파리 소르본에서 가르쳤죠. 각자의 출발점이 매우 상이하고 먼 곳에서 떨어져 살았으며 서로의 텍스트를 읽은 적이 없었던 두 사람이 어떻게 동일한 관념에 이르렀는지는 하나의 수수께끼입니다. 하지만 물리학에서는 일반적인 일이죠. 물리학자는 실재하는 세계를 연구합니다. 그들 중 한 사람이 발견하지 못했던 것도 다른 사람이 언젠가는 발견해냅니다.

아인슈타인이 아니었다고 해도 누군가는 언젠가 상대성이론을 발견했을 겁니다. 경성과학harte Wissenschaften이라고 불리는 모든 학문이 그렇습니다.

하지만 인문학은 그렇지 않죠. 사실상 모든 발견은 개인적인 성과이고, 우연히 반복될 수는 있겠지만 법칙적인 필연성은 없습니다. 그러나 레비나스와 뢰그스트룹은 동일한 결론에 도달했습니다. 레비나스는 이를 책임성Verantwortlichkeit이라고 불렀고, 뢰그스트룹은 "무언의 요구unausgesprochene Forderungen"라고 불렀습니다. 같은 관념이 다른 개념으로 표현되었을 뿐인데요, 생각해보면 상당히 흥미롭습니다. 뢰그스트룹은 예수가 기독교적 윤리를 구상할 수 없었다고 말합니다. 예수가 기독교적 윤리를 구상했다면 도덕적 인간이 아닌 순응주의자를 길러냈을 것이라는 얘기죠. 도덕에서는 규범의 준수가 아니라 알려지지 않고 말해지지 않은 요청에 대한 반응이 중요합니다. 메시지를 열어보는 것은 요청을 받은 이의 책임입니다. 이런 요청은 말해진 것도 아니고 반드시 따라야 하는 것도 아닙니다. 그리고 무언가를 했다고 해도 회상 속에서 자신의 행위에 대한 확신을 가질 수는 없습니다. 자신의 행위가 필요했던 것이었는지도, 제대로 된 것이었는지도 확실하지 않으니까요. 도덕성은 불확실과 불안정의 영역에 속합니다. 대부분의 도덕철학은 이와 정반대입니다. 도덕철학은 대개 도덕성을 확실성에 대한 감각으로 여기니까요. 레비나스에게도, 뢰그스트룹에게도 이런 문제에 대한 확신을 얻을 수 있으리라는 희망은 없었습니다.

도덕은 마음의 짐입니다.

도덕은 행복을 위한 처방이 아니라 고통스러운 삶에 대한 처방이고 끝나지 않는 과정입니다. 잠시도 쉴 틈을 주지 않죠. 당연히 도덕적인 인간은 끝없는 불안 속에서 살아가게 됩니다.

윤리에 대한 이런 시각은 칸트의 시각과 다릅니다. 칸트의 정언명령은 다음과 같은 명확한 행위지침을 제공합니다. "보편적 법칙이 되기를 바랄 수 있는 준칙만을, 그 준칙을 통해 네가 그런 바람도 지닐 수 있는 준칙만을 따라서 행위하라." 이는 비교적 단순합니다. 우리를 끝없는 결핍의 절망 속으로 밀어넣지 않죠. 뢰그스트룹과 레비나스가 말하는 것은 지나친 요구 아닙니까?

저는 오히려 불확실성은 도덕에 대한 위협이 아니라 도덕의 고유한 터전이자 도덕이 자랄 수 있는 유일한 터전이라고 생각합니다. 이런 터전 위에서 개인은 외로움을 느끼게 되고, 개인의 외로움은 도덕적인 사회에 대한 희망으로 이어지죠. 모든 이는 각자 자신이 원하는 대로 행동할 수 있고 각자 자신에 대한 책임을 져야 합니다. 강제는 없지만 불확실한 상황인데, 이런 상황에서 옳고 그른 결정이 비롯되죠. 옳은 결정이 내려질 것이라는 보장은 없어요. 하지만 희망은 있죠.

인간은 도덕적인 물음 속에서 어쨌든 일정한 입장을 취합니다. 사회학적 지식은 이러한 결정의 이유와 방식에 대해 무엇을 말해 주는가요?

폴란드 사회학자 네차마 텍Nechama Tec은 『빛이 어둠을 가를 때When Light Pierced the Darkness』라는 연구에서 강점기의 폴란드에서 기독교 신자 개인이 유대인을 절멸의 위험에서 구해내기 위해 자신의 목숨을 걸게 했던 동기를 조사했습니다. 도덕적인 행위를 가리키는 통계적으로 유의미한 요인은 발견되지 않았습니다. 학계 전체가 이 결과에 충격을 받았습니다. 도우려는, 희생하려는 자세는 계층, 소득, 교육, 종교 또는 정치적 입장과 무관했습니다. 다양한 인간이 동일한 상황에서 다른 행동을 하는 이유는 여전히 수수께끼로 남아 있습니다. 결국은 개개인의 인격과 책임의 문제겠죠.

오늘날의 지구촌 미디어 세계에서 우리는 피할 수 있는 비참을, 기아와 질병 그리고 죽음을 너무 자주 목격하게 됩니다. 어디서부터 손을 대야 할지 전혀 모를 정도입니다.

전지구의 차원에서 옳은 일을 하는 방법은 무엇인가? 철학자 한스 요나스Hans Jonas는 이 물음을 자세히 다루었습니다. 요나스는 세계의 몰락을 예언하는 사람과 우리가 모든 세계 중에 최고의 세계에 살고 있다고 믿는 사람이 있다면 몰락의 예언자를 믿어야 한다고 말합니다. 우리는 우리의 행위와 소홀함이 불러올 결과를 알지 못합니다. 하지만 그에 대한 책임은 우리에게 있죠. 우리가 베를린에서 하는 일이 방글라데시의 미래에 예상치 못한 영향을 미칠 수도 있습니다. 지금 여기의 우리 자신에 대해서도 마찬가지입니다. 우리의 모든 행위는 아직 태어나지 않은 우리 후손의 생활조건을 결정합니다. 우리는 지구의 자원을 고갈시킴으로써 아직 세상에 나오지도 않은 그들의 삶에 이미 영향을 미치고 있습니다. 우리는 그들의 자유를 제한하고 있습니다. 그사이 우리의 행위는 지금 여기의 우리 너머로 영향을 미치고 있고 그 범위는 어느 때보다 더 넓습니다. 민족학이 알려주듯이 인간은 예전에 작은 변화를 통해 가까운 현재나 가까운 미래에 영향을 미쳤습니다. 바늘은 약 10만년 전에 발명되었습니다만, 실을 꿸 수 있게 구멍을 내자는 생각은 한참 후에 나왔습니다. 그때까지 얼마나 오랜 시간이 필요했는지 아십니까?

아뇨.

3만년요! 시간이 걸렸죠. 구석기 시대의 사람들도 알게 모르게 미래에 영향을 미쳤습니다. 하지만 오늘날 우리의 상황과는 비교가 안 되죠.

선생님께서는 『우리, 삶의 예술가』에서 고대 생철학 Lebensphilosophie**의 주제였던 행복에 관해 말씀하십니다. 근대에 들어서면서 행복은 뒤쫓아야 하는 것이 되었습니다.**

이는 1776년 미국 독립선언과 함께 시작됩니다. 그때 "생명, 자유, 그리고 행복의 추구"가 양도할 수 없는 천부인권에 속하게 되었죠. 당연히 인간은 이전의 그 어느 때에도 불행하기보다는 행복하기를 원했습니다. 진화는 우리의 마음 속에 행복에 대한 열망을 새겨 넣었습니다. 그런 열망이 없었다면 우리는 여태껏 여기 이 편안한 소파가 아니라 동굴 안에 앉아 있었겠죠. 하지만 모든 인간이 자기 나름대로 행복을 추구할 권리를 갖게 된 것은 근대 이후의 일입니다. 개인의 행복에 대한 보편적 인권의 선언은 근대의 시작을 알렸습니다.

하지만 오늘날이라고 해서 행복에 이르는 일이 로마 시대나 세네카Seneca, 루크레티우스Lukrez, 마르쿠스 아우렐리우스Marc Aurel, 에픽테토스Epiktet 의 생철학이 전개되던 시대보다 더 수월하지는 않다는 점은 분명합니다. 선생님께서는 개인적으로 행복이 무엇을 의미합니까?

괴테는 행복한 삶을 살았냐는 질문을 지금 제 나이 즈음에 받습니다. 그는 이렇게 답하죠. '네, 나는 정말 행복한 삶을 살았습니다. 하지만 비할 바 없이 행복했던 주는 떠올릴 수가 없네요.' 아주 지혜로운 대답이죠. 저도 똑같은 느낌을 받습니다. 괴테는 시에서도 맑은 날이 계속될 때 가장 우울하다고 말합니다. 행복은 삶의 고난과 투쟁을 대체하지 않습니다. 이를 대체하는 것은 따분함이죠. 해결할 문제가 없으면, 능력을 넘어서는 과제가 이따금씩 주어지지 않으면 인간은 따분함을 느끼게 됩니다. 그리고 따분함은 가장 널리 퍼져 있는 인간적 결핍이죠. 행복은 상태가 아니라 찰나의 순간입니다. 저와 지그문트 프로이트의 시각이 일치하는 지점이죠. 인간은 불행을 이겨낼 때 행복을 느낍니다. 꼭 끼는 신발을 벗으면 홀가분하고 행복합니다.

영국 경제학자 리처드 레이어드Richard Layard는 행복 연구에서 얻은 인식을 경제학에 이용합니다. 그는 『행복의 함정Die glückliche Gesellschaft, Happiness』 이라는 자신의 저서에서 소득의 증대는 행복의 증가에 제한적으로 기여할 뿐이라는 점을 보입니다. 그렇다면 우리는 행복을 늘리기 위해 무엇을 할

수 있나요?

열심히 일하는 것입니다. 화가는 작품을 만들고 수학자는 난제의 해결을 위해 노력하고 정원사는 무언가를 심은 후에 만개하기까지 지켜봅니다. 이게 행복이에요. 이들은 무언가를 해냈거든요. 미국의 사회학자 소스타인 베블런Thorstein Veblen은 20세기 초에 "장인정신workmanship"이라는 개념을, 그러니까 충실한 작업의 개념을 만들어냅니다. 괜찮은 작업물을 만들어내고, 과제를 완수하고, 넘어서기 어려울 듯한 장애물을 넘어서면서 느끼는 자부심은 기쁨을 안겨줍니다. 우리 모두는 마음 속 깊은 곳에 이런 감정을 품고 있습니다. 하지만 우리는 오늘날 자신의 작업에 대한 기쁨도, 무언가를 잘 해냈다는 느낌도 잃어버렸죠. 이와 함께 자신감은 사라져버렸고, 행복감도 누릴 수 없게 되었습니다. 학계의 연구에 따르면 우리의 안녕을 위한 본질적인 요소의 절반 정도는 상품화될 수 없으며, 따라서 상점에서 살 수 없다고 합니다. 행복함을 행복을 약속하는 신상품의 구매와 동일시하는 한, 행복에 대한 추구에는 끝이 없습니다. 추구의 대상이 끊임없이 대체되어야 하죠. 따라서 추구하는 대상과 가까워질수록 대상은 매력을 잃어버리고 대상이 안겨주는 행복감 역시 감소하죠.

그런 행복을 추구하는 사람은 자신의 안녕을 미리 걱정합니다. 하지만 우리는 다른 사람의 안녕을 염려할 수도 있죠.

그렇죠. 결국에는 타인에 대한 염려가 우리를 행복하게 합니다. 타인을 염려할 때 자신의 행복추구는 타인의 행복추구와 충돌하지 않고 이기주의와 이타주의의 대립은 해소됩니다. 자신의 이익만 바라는 사람은 다른 사람의 안녕을 염려할 필요가 없죠. 하지만 다른 사람을 걱정하는 사람은 더욱 풍부한 감정을 느낍니다. 전자는 니체의 계획이죠. 그는 이기주의, 자기실현, 그리고 자기 자신의 발전에 몰두했습니다. 하지만 레비나스는 타인을 향해 시선을 돌렸죠. 그의 태도는 니체만큼 단호했습니다. 그는 타인에 대한 염려와 타인을 위한 존재가 선사하는 행복을 중요하게 여겼습니다.

선생님께서는 우리 모두가 삶의 예술가라고 말씀하십니다. 삶의 예술 Leben-skunst**은 무엇인가요?**

불가능한 것을 시도하는 거죠. 자기 자신을 자신의 창조와 형성의 산물로 이해하고, 화가나 조각가처럼 자신에게 해결하기 어려운 과제를 맡기고, 지금 자신의 가능성을 넘어서는 목표를 설정하고, 하고 있거나 할 수 있을 모든 것에 당장의 능력을 넘어서는 기준을 설정하는 겁니다. 불확실성이 우리 삶의 자연 서식지라는 점은 아무리 강조해도 지나치지 않습니다. 희망이 절망으로 바뀔지라도, 희망은 행복을 향한 우리 노력의 원동력입니다.

선생님께서는 "고체"근대에서 "액체"근대로의 이행을 이론화하셨을 뿐만 아니라 직접 체험하셨습니다. 젊으실 적에 선생님의 바람은 무엇이었나요?

저는 젊은이로서 같은 세대의 다른 많은 이들처럼 "인생계획projet de vie"에 대한 사르트르Sartre의 표상을 염두에 두었습니다. 삶의 계획을 구상하고, 가장 짧고 가장 안전한 길 위에서 너의 목표를 향해 가라. 어떤 식의 인간이 되고자 하는지 결정하라. 그러면 그런 인간이 되기 위한 방법이 주어질 것이다. 살고자 하는 삶에 대응하는, 네가 따라야 하는 몇몇의 규칙과 네가 갖추어야 하는 특성이 있다. 사르트르의 시각에서 삶은 처음부터 끝까지 한 걸음씩 극복해야 하는, 여정이 시작되기도 전에 정해진 경로입니다.

기독교적 구원의 길에 대응하는 세속의 여정이네요.

네, 그리고 기독교적 구원의 길처럼 사물들이 언제나 현재와 동일한 가치를 가질 것이라고 전제하죠. 세계는 안정적으로 존속합니다. 어떤 특성을 어떻게 얻어야 하는가에 대한 조언은 여덟 살일 때에 유효하고, 쉰 살일 때에도 유효할 것입니다. 열여섯 살이나 열여덟 살이 되어 수습 과정에 들어서면, 40년 후에 같은 회사에서 정년을 맞고 연금을 받을 것이라는 사실을 알게 됩니다. 오늘날의 세대에게는 말도 안 되는 얘기죠. 이제 구할 수 있는 일자리는 임시직밖에 없고 모든 사람이 평생 동안 15번에서 20번까지 직장을 옮긴다는 사실을 그들은 압니다.

선생님께서 말씀하셨던 것처럼, 70년대에 들어서자 전후의 경제기적이, 전후의 재건과 사회적 평화 그리고 미래에 대한 낙관으로 특징지어졌던 화려한 30년이 끝나버렸고 변화가 찾아왔습니다. 토마 피케티Thomas Piketty가 세계적인 베스트셀러 『21세기 자본Das Kapital im 21. Jahrhundert, Capital in the Twenty-First Century』에서 보였듯이 이는 자본주의 역사에서 예외적인 시기였습니다.

부유한 북반구에서는 아름다운 신세계에 이르는 길이 열렸습니다. 거기서는 정보의 홍수가 일어났으며, 세계화의 고삐가 풀려버렸고, 소비의 불길이 일었죠. 하지만 이를 제외한 세계의 상당한 지역에서는 절망과 소외에 이르는 길이 열렸습니다. 70년대를 회고해보면 당시를 근대 역사의 결정적인 전환점으로 볼 수 있어요. 70년대가 끝나면서 삶의 도전을 마주하는 남성과 여성에게 근본적으로 다른 환경이 주어졌습니다. 종래에 입증된 삶의 지혜는 더 이상 유효하지 않았고 조율된 삶의 전략은 철저히 수정되어야 했죠.

변함없이 남아 있는 것은 무엇입니까?

오늘날 기대수명이 늘어나고 있는 유일한 존재는 개인입니다. 정당, 정치운동, 기관, 은행, 그리고 공장은 여러 번의 변화를 거쳤고, 이들의 기대수명은 줄어들고 있죠. 우리는 이제 변함없이, 그러나 끊임없이 변화하는 환경 속에 살고 있습니다. 제가 보기에 이는 삶에 대한 완전히 새로운 이해로 이어질 것 같습니다.

선생님께서는 20세기의 전체주의적 사회체제를 체험하셨습니다. 이전에는 국가사회주의와 공산주의 사회에, 이후에는 후기공산주의적 동유럽에 계셨고, 이제는 다문화적, 후기 근대적, 자본주의적 영국 사회에 계시죠. 좋은 사회는 무엇인가요?

저는 이제 좋은 사회 같은 것이 있다고 믿지 않습니다. 좋은 사회는 우리는 아직 충분히 좋지 않다고 생각하는 사회겠죠.

출전

EDITORISCHE NOTIZ

지그문트 바우만과 나의 대화는 2014년 2월 10일과 2016년 4월 21-23일에 그의 자택에서 이루어졌고, 이 책에서 하나의 텍스트로 합쳐졌다. 지그문트 바우만은 일생의 행적과 개별 주제에 대한 생각을 담은 메모를 나에게 건네주었고, 진술의 반복을 피하기 위해 미출간작『레트로토피아』의 발췌문을 전하면서 몇몇 질문에 대한 대답으로 발췌문의 구절을 삽입해줄 것을 부탁했다. 에프라인 크리스탈Efrain Kristal과 아르네 드 보에버Arne De Boever는 2014년 11월 11-12일에『로스엔젤레스 북 리뷰』에 게재된 인터뷰 "단절하는 행위들Disconnecting Acts"에서 바우만에게 두 가지의 질문을 하였고, 두 질문은 이 책에 실렸다. 두 질문에 대한 대답도 같은 방식으로 처리했다. 이 책에서 서면 자료에 기반하는 부분은 12쪽 정도이다.

나의 2014년 인터뷰는 2015년 7월 4일 "우리가 살고 있는 세계Die Welt, in der wir leben"라는 제목으로『다스 마가진Das Magazin』, 토요판『타게스-안차이거Tages-Anzeiger』,『바즐러 차이퉁Basler Zeitung』,『베르너 차이퉁Berner Zeitung』, 그리고『데어 분트Der Bund』에 실렸다.

익숙한 것을 낯설게 바라보기

지그문트 바우만의 마지막 인터뷰

1판 1쇄 찍음 2022년 10월 10일
1판 1쇄 펴냄 2022년 10월 25일

지은이   페터 하프너
옮긴이   김상준
교열   황진규
편집   김효진
디자인   위하영
펴낸곳   마르코폴로

등록   제2021-000005호
주소   세종시 다솜1로9.
이메일   laissez@gmail.com

ISBN   979-11-92667-02-7 03300